仕事“筋《きん》”トレーニング No.6

図解

サラリーマンの決定力講座

斎藤　広達　Kotatsu Saito

PanRolling Library

はじめに

サラリーマンの決定力を鍛える20問、一体どれくらい正解できるでしょうか？

本書は、２００３年６月にＰＨＰ研究所から出版した『最強の意思決定』に設問と解説を加え、より読みやすく生まれ変わったものです。選択肢から正解を選ぶタイプから事業価値を試算する問題まで、いくつかのパターンを用意しました。20の問題をクイズ感覚で解きながら、意思決定に必要なツールが体得できるようになっています。

決定力を高めたい。自信を持って何をすべきか決定し、成功したい。ビジネスでもプライベートでも。普段からそう思っている読者の方は多いのではないでしょうか？　ただ残念なことに、これまで決定力を高める手法を簡単に紹介した本は少なかったように思います。大仰に「意思決定論」を説いた分厚い専門書はあっても、軽く読めて、強力なツールが身につく本はほとんどありませんでした。
今回、クイズ形式の書式にこだわった理由はそこにあります。できるだけ簡単に、遊び心を持って意思決定の手法を身につけてほしいと思います。この本で紹介する各種ツールを手に入れられれば、何かに悩んだときでも、かなり強力に「決定する」ことができるようになるのですから。

本書の前半では、意思決定をするときに必要な視点や考え方について、順を追って体系的に解説していきます。シナリオ分析といった難しいツールも、できるだけ平易に理解できるよう工夫しました。本の後半では、何かを決定する際に、人がついつい陥ってしまう「無意識のワナ」を紹介しています。これらを知っておくと、間違った決定をしないで済みます。思わず「あるある」と頷いてしまう例が多いので、是非とも楽しみながら問題を解いてほしいと思います。

それでは早速、最初の問題を見てみましょう！

はじめに

第1章　意思決定する内容をクリアにする

第2章　「ロジック」を駆使して意思決定する

Contens

第3章 「無意識のワナ」による、誤った意思決定を避ける

第1章
意思決定する内容をクリアにする

そもそもの目的がクリアでない意思決定は、しないほうがマシだ

Case Study

あなたは、企業の経営戦略を決定をするポジションに就いている。今回、Aという新規事業のアイデアが届けられた。この新規事業は大幅な売上増が見込めそうだ。収益増も期待でき、会社の今後を左右する事業に成長するかもしれない。

しかし一方で、大きな投資が必要になる。失敗したときのリスクも、考慮しなければならない。

この企業が直面している最優先課題が選択肢のように3ケースある場合、それぞれのケースごとに、本新規事業へのGO（行く）／NO　GO（行かない）を評価せよ。

a　売上規模の拡大

b　自社資産の見直し

c　人材育成・ノウハウの獲得

勉強や仕事のスタイルが人によって異なるように、意思決定の方法も、その人なりの考えやクセがある。

ロジックを駆使し、過去の実績をベースに意思決定する人は、新しいビジネスに乗り出すタイミングで、なかなか判断を下せない。過去の業務経験や優れた現場感をもとに意思決定する人は、苦手な分野や未経験の業務では的外れな意思決定をしてしまう。仮説構築型の意思決定を好む人は、集める材料を間違えたり、検証作業ができないと行動できず、決定のタイミングを逃してしまう。完璧な意思決定は難しいものだ。

経営者や企画部長など、決断力が求められるポジションの担当者が、新たな人材に替わると、新任者の意思決定のクセが企業や部門の意思決定スタイルに影響を与えてしまう。とはいえ、ビジネスを成功に導く根本的なことが変わるわけではない。どの意思決定のスタイルでも、成功に向かって進んでいくことはできる。

しかしどんな手法を使ったとしても、おろそかにはできない肝心なことがある。それは、〝そもそもの目的〟をクリアにしなければ、意思決定は成功しないということだ。

これは、「何が目的なのか」「何が最終ゴールなのか」を明確にするということ。でなければ、どんなスタイルの意思決定をしても、行き当たりばったりの決断の繰り返しになる。短絡的な意思決定が積み重なり、どれもが破綻する結果になる。

◎〝そもそもの目的〟とはいったい何か

そもそもの目的とは、最終ゴール、つまり「真の目的」である。

意思決定の第一歩は、その決定をすることで、思い描いた最終ゴールに近づけるのか、真の目的を達成できるのか、を考えること。つまり、事前にゴールや目的を明確に認識しておくのだ。

これは、プライベートでも言えること。整理されていない頭で、何かを決めようとしても、時間ばかりかかって前には進まない。

あなたが英語修得を考えているとする。資料請求をしたり、インターネットで調べた結果、英会話スクールや、ライティングの学校、発音を鍛えるクラスにＴＯＥ

選択を間違えば、行き着くゴールも異なる

ＩＣ対策のプログラムなど、いろいろな学校やプログラムがあった。

次に、これらのリストの中から、どの学校にするか決断を下す。いくつもの選択肢から、目的にあった解を導き出すといった意思決定を行うのである。

英語を修得したい〝そもそもの目的〟で、どの学校を選ぶかが異なってくる。

仕事で英語の資料作成が多いので、そのスキルを向上させたいのならば、「ライティングの学校」が正解になる。海外旅行が趣味で、世界中に友達を作りたいのならば「英会話」の学校が最適。就職や転職あるいは社内でのキャリアアップのためならば、「ＴＯＥＩＣや英検」が正しい意思決定

英語の修得も目的が分かれる

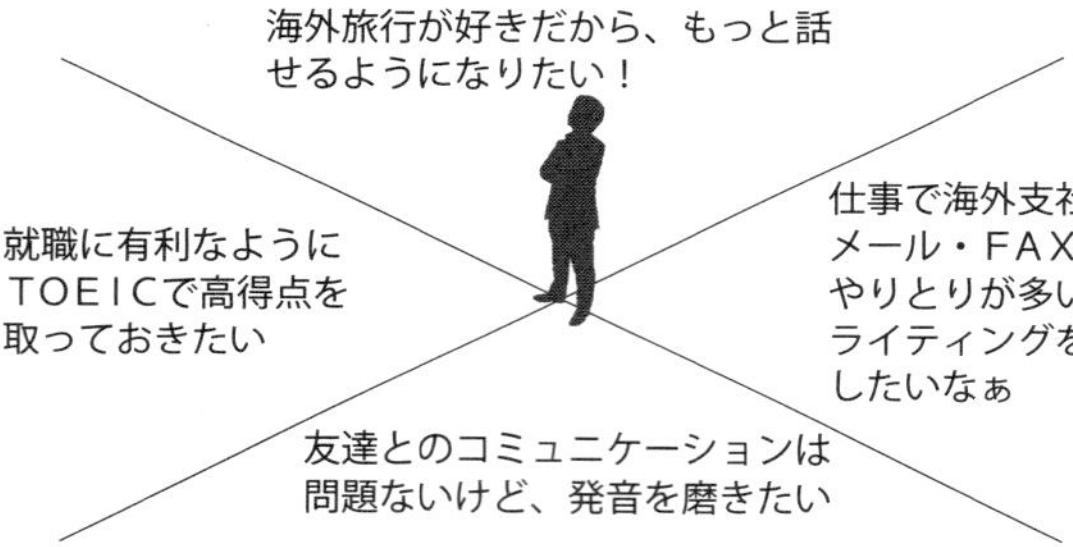
海外旅行が好きだから、もっと話せるようになりたい！
仕事で海外支社とのメール・FAXのやりとりが多いからライティングを強化したいなぁ
就職に有利なようにTOEICで高得点を取っておきたい
友達とのコミュニケーションは問題ないけど、発音を磨きたい

になる。また、会話には困らないが、より磨きをかけたいのであれば、「発音」のクラス。

英語修得という大きな目標を、そもそも「何が真の目的か」といった視点から考えればよい。

〝そもそもの目的〟をクリアにできれば、意思決定は難しい作業ではなくなるのだ。

◎〝そもそもの目的〟について考える

さて、目的をクリアに理解するには、目の前にある意思決定の材料や選択肢から一歩下がって、「いったい、何がゴールなのか」と、考えてみればよい。

そもそもの目的がクリアになるまで、時間を使って考える。たったそれだけの作業だが、効果は

目的が明確なら、進む道はみつかる

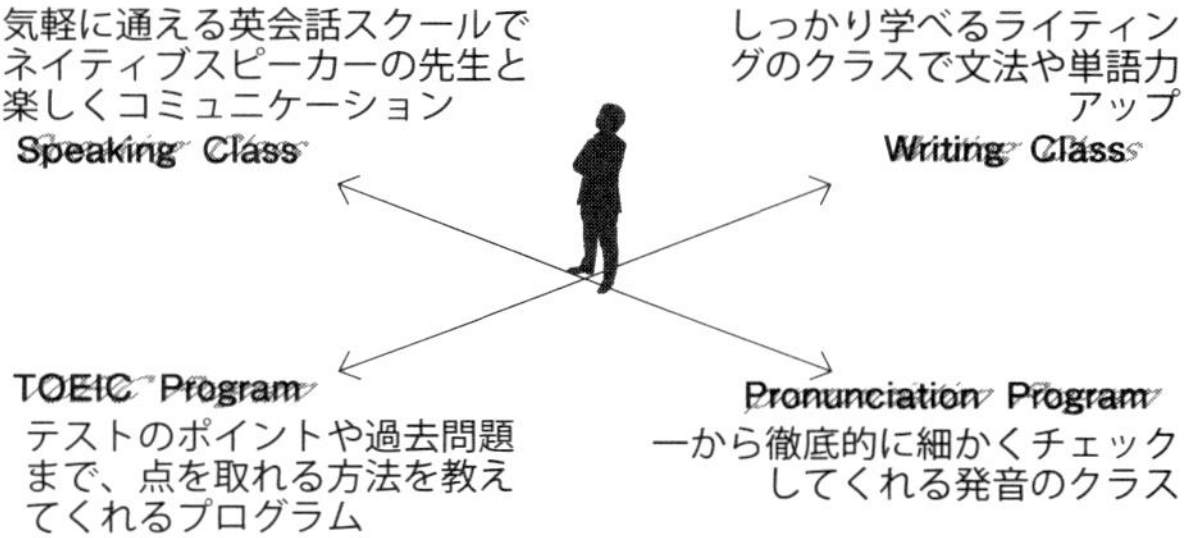
気軽に通える英会話スクールで
ネイティブスピーカーの先生と
楽しくコミュニケーション
Speaking Class
しっかり学べるライティン
グのクラスで文法や単語力
アップ
Writing Class
TOEIC Program
テストのポイントや過去問題
まで、点を取れる方法を教え
てくれるプログラム
Pronunciation Program
一から徹底的に細かくチェック
してくれる発音のクラス

とても大きい。それまで多くの選択肢や材料で、ぐちゃぐちゃしていた頭の中がすっきりして、決定事項が自然と見えてくる。

さきほどの例のように、英語修得という目標を掲げても、目的が異なれば意思決定の方向性が変わるように、そのときのゴールや、そもそもの目的によって、同じ案件でも全然違ったアクションになる。

ビジネスにおいて、その意思決定が大きな意味を持つのは明白であろう。決断ひとつで、その先の意味するところが、ガラッと変わってきてしまうのだ。

意思決定は、管理職だけに必要なものではない。新入社員や経験を重ねたベテランなど、役職・年齢に関係なく、誰もが毎日多くの決断を求められているのだから。

選択肢がありすぎて、何を選択すべきか不明瞭なときは、まず真のゴールを明確にし、それを実現するためのシナリオを、何パターンか考えてみる。そうすれば、起こすべきアクションはおのずと見えてくるはずだ。

みなさんも、意思決定をするときには、まずはこの「そもそもの目的をクリアにする」ことを、いつも意識するように心がけてみよう。

■**解説**

さて、新規事業の立ち上げを、そもそもの目的から検討してみたい。

目的が「売上規模の拡大」ならば、大きなチャンスがあるこの新規事業は手がけたい案件になるはずだ。

次に、「自社資産の見直し」が目的ならば、まだ事業整理が済んでいない段階では、

Case Studyの解答

a　売上規模の拡大　GO

b　自社資産の見直し　NO GO

c　人材育成・ノウハウの獲得　GO

新規事業には投資しないが正解である。もちろん、これが不採算事業の整理が済んでいる状況や、あるいはあと少しで整理が終わるといったタイミングならば話は変わってくるだろう。

さらに、「人材の育成や新規参入分野でのノウハウ獲得」が目的の場合。財務面は盤石で、多少のリスクをおかしてでも新規事業に取り組む力があるならば、さらなる飛躍に向けてこの事業を始めるという意思決定になる。

仮にこの事業が失敗に終わっても、今回の経験で人材の成長とノウハウを獲得できたことは、ひとつの成功としてみなすことができるのだ。

意思決定する内容の構造を明らかにすることがスタート地点

Case Study

あなたが責任者を務める事業部に、今後３年間で収益を今の２倍にするというミッションが課せられた。

自社商品は、マーケットではそこそこのシェアを獲得しており、他社商品と比較しても価格は平均的だが、品質は悪くない。しかし、もともと成熟産業なので、急激な需要の変化は期待できない。

「３年間で収益を今の２倍にする」ためには、どのようなマーケティング戦略を採用するべきか決定すべし。

下記の２つの戦略のうち、正しいのはどちらか？

a 値下げ攻勢戦略

b 高品質化戦略

「そもそもの目的」をクリアに理解できれば、自然と意思決定の道が開ける。しかし、目的をクリアにしただけでは、まだ意思決定できないケース。目的達成に必要な、いくつかの条件を検討する必要がある。

例えば、「売上を伸ばす」ことが最終ゴールならば、意思決定のプロセスは比較的シンプルだ。その投資案件やプロモーション案が売上を伸ばせるのか、考えて答えを出せばよい。

ところが、「収益を伸ばす」がゴールになると、売上だけではなくコストについても判断材料が必要になる。判断材料が増えて一見、複雑に感じるかもしれないが、裏を返せば、評価項目が明確になったということ。

それが、意思決定する内容の構造を把握するということだ。

◎意思決定する内容は、どんな構造なのか

意思決定をする際の考え方は、実はシンプルで分かりやすい。普段から何気なく使っていることを、筋道立てて体系的に考えればよいのだ。

例えば、ビジネスマンとしてもっと成長したい、将来はすごい実績を上げて尊敬されるビジネスマンになりたい、と考えている場合。そもそもの目的は「ビジネスマンとしてもっと成長する」ことだが、あまりにも抽象的すぎる。

そこで、この「そもそもの目的」をもう少し細かく分解してみよう。

◎目的を構成する要素を抽出する

真のゴールは「ビジネスマンとして成功する」こと。そのために、目の前の業務が成長するために必要か判断する。ここでは目的を達成するために必要なアクションを考えてみたい。

第一ステップとして、現実的な目標を立てる。ビジネスマンとしての成長する過程で「所属している販売企画部の責任者になる」といった具体的な目標だ。しかし、これでもまだ十分ではない。販売企画部の責任者になるためには、いったい何をするべきかが明確になっていない。

では次に、その目標を達成する要素を考えてみる。

目指す道が明白なら、ゴールも見えやすい

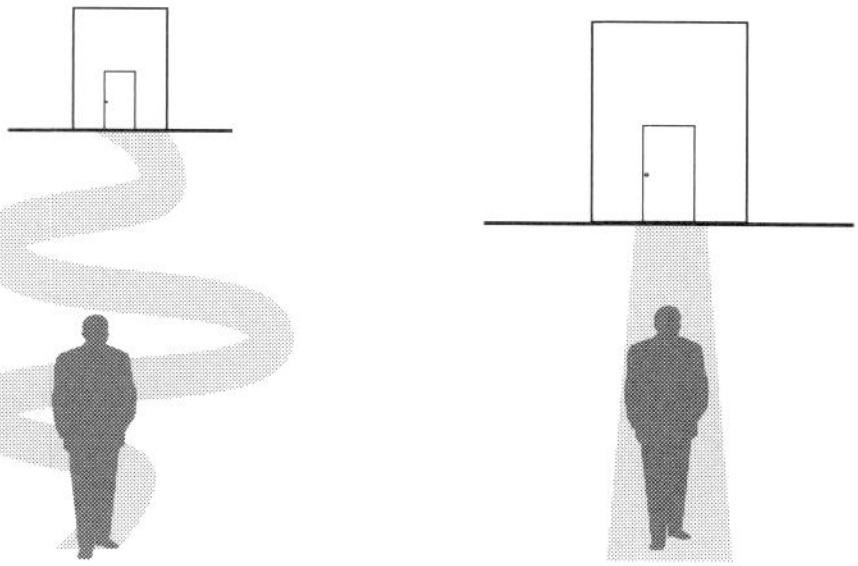

販売企画部の責任者になるためには、現場感を磨くことが必要だ。販売企画に関しても、プログラム開発など多くの実務経験が必要だろう。マーケティングや、営業管理に関する知識も身につける必要がある。さらに、相手の意見をしっかりとくみ取るコミュニケーション力、交渉力、そして過去の実績をもとに、何かしらのヒントをえぐりだせる分析力や、新しいアイデアを生み出す発想力も望まれる。

整理すると、いくつもの業務経験と知識、そしてスキルが必要になることが分かる。これで、「販売企画部の責任者になる」という、近い将来の目標を達成するために必要なアクションが明確になった。

そもそもの目的を要素に分解する

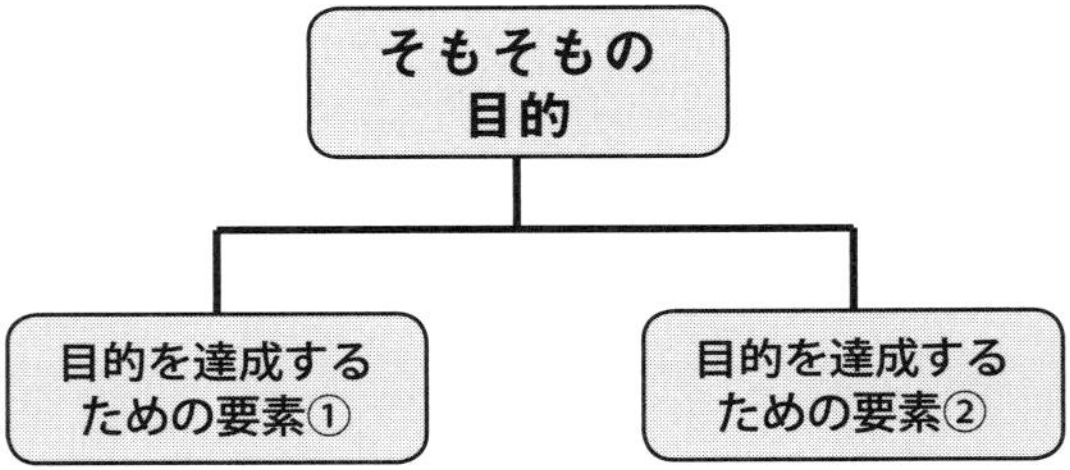

この近い将来の目標をクリアできれば、「ビジネスマンとして成長する」という真のゴールに向け、ひとつのステップが踏めるのだ。

そもそもの目的を丁寧に分解して、どんな要素で構成されているのか、全体の構造を理解できれば、具体的なアクションが見えてくる。これが、「意思決定する内容の構造を明らかにする」という作業だ。

ここから先は、目の前にある選択肢が、真のゴールに合っているのか、について評価すればよい。つまり、必要な業務経験・知識・スキルが身につくのかといった視点から、最適な選択肢を選べばよいのだ。

この例でいえば、選択肢はいくつもある。部署

抽象的なゴールを明確な目標に変える

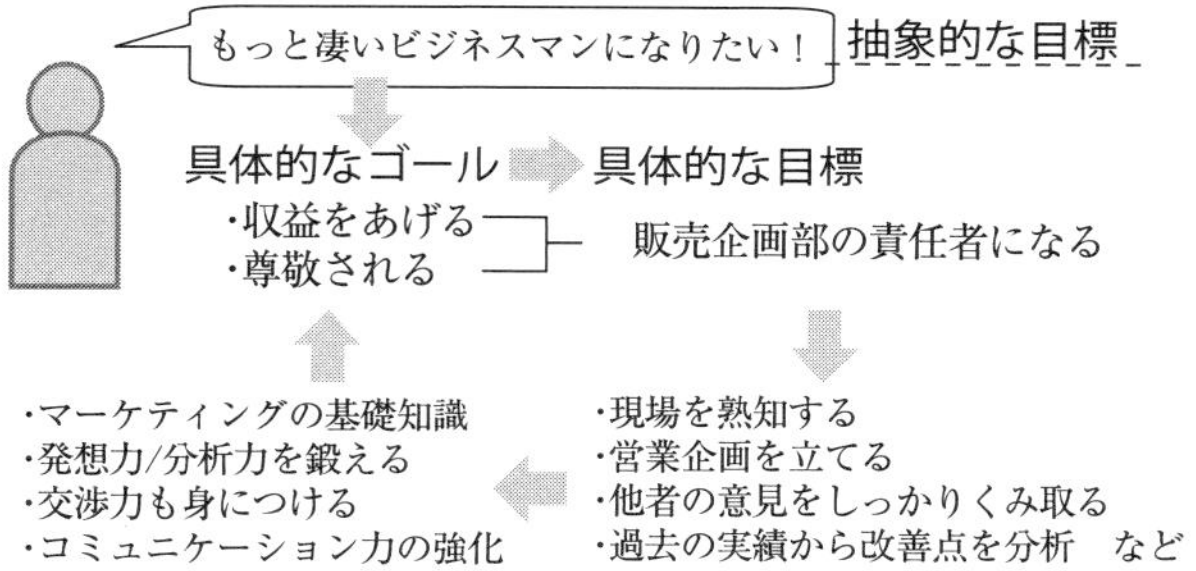
もっと凄いビジネスマンになりたい！
抽象的な目標
具体的なゴール
具体的な目標
・収益をあげる
・尊敬される
販売企画部の責任者になる
・現場を熟知する
・営業企画を立てる
・他者の意見をしっかりくみ取る
・過去の実績から改善点を分析　など
・マーケティングの基礎知識
・発想力/分析力を鍛える
・交渉力も身につける
・コミュニケーション力の強化

異動／社内トレーニングコース／新規プロジェクト、といった社内でのチャンス、また、社外の人との交流会や各種セミナーなど。それらを評価基準に合わせて、参加すべきアクションを選択すればよい。

分解された要素から考えられる条件を、目の前の選択肢が満たすか評価すれば、意思決定はとてもクリアになる。

現実の世界では、もっと複雑な要因がいろいろと絡んでくるのは事実だが、これぐらい内容をすっきりと整理できれば、自信を持った意思決定ができるだろう。

■解説

今回のミッションを評価してみよう。

ひとつめの「値下げ攻勢戦略」は、売上単価が落ちる以上に販売量を増やせれば、短期的には売上増加は可能だ。また、販売量の増加で、商品単価を下げることができれば、コスト削減にもつながる。

しかし短期的な値下げでは、継続的な販売量の確保は望めず、その後も値下げを繰り返すことになる。なおかつ2度目以降の値下げは、最初の値下げよりも効果が薄れることも考えられる。これでは、中期的に収益を確保することは難しい。

「値下げ攻勢戦略」は売上増加とコスト削減という目的は達成できるが、3年間の継続的な収益改善という目的は達成できそうにない。また、成熟市場という特性から考えると、粗利益を圧縮するだけで終わってしまいそうだ。ならば、この戦略は「採用しない」が意思決定となる。

次の「高品質化戦略」だが、高品質商品をリーズナブルな価格で提供できれば、

Case Studyの解答

a　値下げ攻勢戦略　×

b　高品質化戦略　○

売上単価を上げることは可能だろう。ただし、高品質化によるコスト増を、単価アップ分よりも低く抑えないと、収益改善は見込めない。しかし、成功できれば中期的な戦略になるので、意思決定はＧＯになる。

売上増とコスト削減という２つの条件をクリアでき、かつ中期的な収益改善も可能だからだ。また、品質が良いという自社の強みも生かせるので、総合的に考えて悪くない。

不確定要素と意思決定する内容をしっかりと切り離して考える

Case Study

あなたの企業は今、これまでマーケットにはなかった、まったく新しい商品を開発した。

新技術を全面的に採用した画期的な新製品だ。事前の財務分析や市場調査、そしてインタビューやアンケートといった顧客分析からも、かなり好感触を得ている。

売上規模を拡大するという、会社の戦略にもマッチした商品。この新商品をテコにして一気に成長を加速させたい。

この新商品発売には、どんな不確定要素があるか、３つリストアップせよ。

1 ______________________

2 ______________________

3 ______________________

世の中は不確定要素ばかりだ。来月の株価がどうなるのか、アメリカの景気は回復するのか、為替は今後どちらの方向に振れるのか。数年後も今の業績を確保できているのか、そして自分の仕事やプライベートの生活は半年後、どうなっているのか……。

そんな不確定要素だらけの世界で、われわれは常に意思決定をして、とにかく前に進まなければならない。とはいえ、実は意思決定する内容と、不確定要素は、きちんと分解して考えることができる。

新商品の発売では、品質や価格、デザインや機能性で競合商品と比較して強みがあるか、顧客のニーズを満たすことができるかを検討する。また、会社のそもそもの目的と、その新商品の戦略が合致するかについても判断できる。

しかし、競合他社がどのような対抗策を打ってくるのか、あるいはその市場が今後どのように推移していくのかについては、コントロールできない。

自分でコントロールできない内容については、意思決定はできないのだ。ならば、切り離して考えればよい。

◎不確定要素と意思決定する内容との切り分け

コントロール不可能な不確定要素まで、あたかも決定できる内容として考えてしまうと、意思決定の構造や要素がやたらと複雑になるだけ。意思決定はシンプルで、なおかつクリアに行いたい。そこで、**「意思決定できる内容」と、自分ではコントロールできない「不確定要素」を、しっかり分けて考える**ことが重要になる。

あなたは、ある新しい技術を使った商品の市場について、これからどんな勢いで成長していくのか、また、どんなビジネスチャンスがあるのか、社内レポートを作成することになった。

技術に関しては、より詳しい技術部のスタッフに依頼し、共同作業でレポートを書くことになった。自分のパートのドラフトをまとめ、これからその技術部のスタッフにレポートを引き継ぎ、残りの部分を作成してもらう段階だ。

この場合、いったいどんな不確定要素が考えられるだろうか。

まずは、そのスタッフが「期日どおりに残りのパートを仕上げてくれるか」とい

ぐちゃぐちゃの頭をクリアに整理する

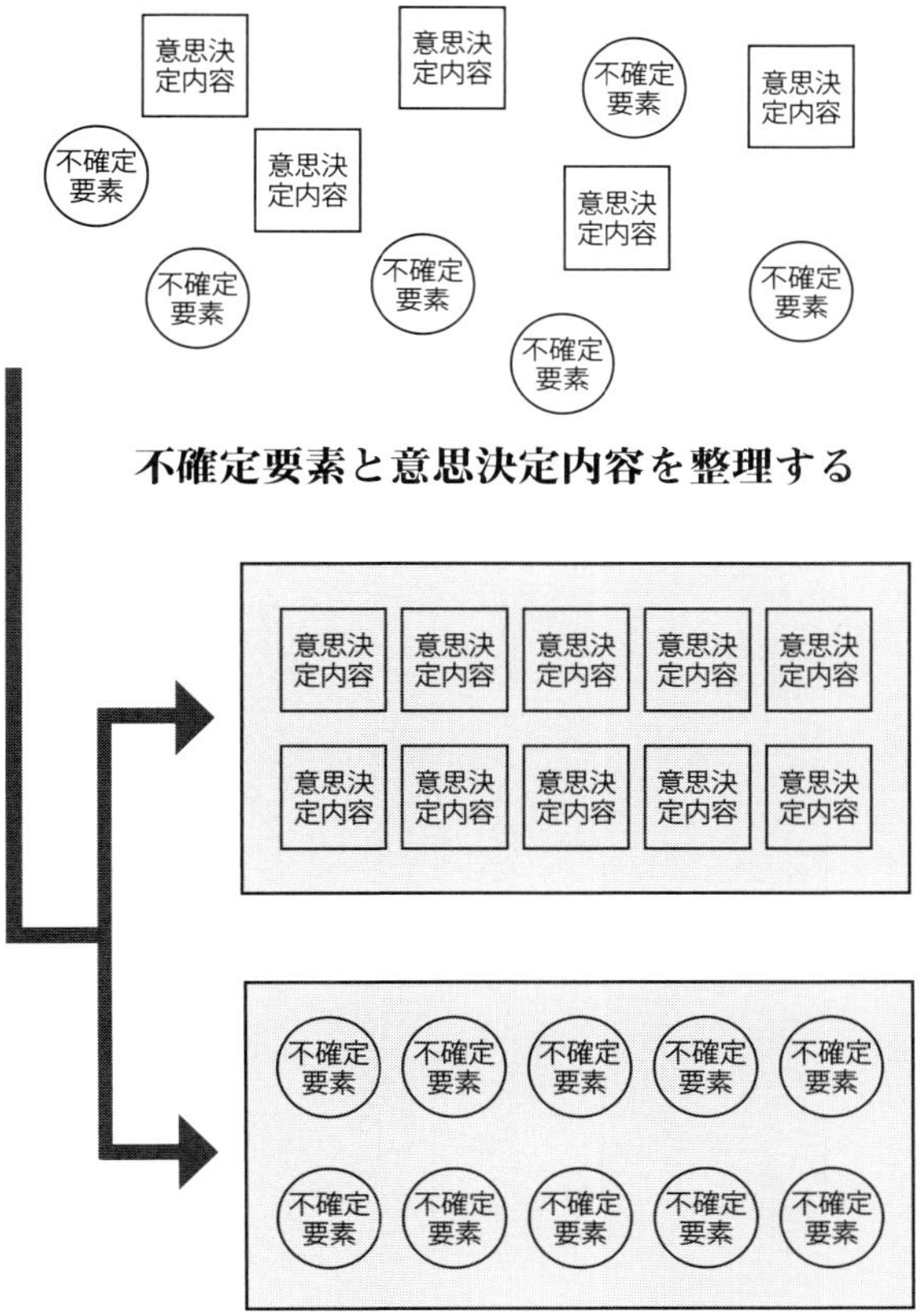

う不確定要素。

あなたはレポート作成の責任者なので、期日までにしっかりまとめ上げたレポートを書く意欲が高い。しかし、そのスタッフが優秀だとしても、どこまで協力してくれるかは、作業を始めてみないと分からない。

また、実はそのスタッフが、「技術には詳しいが、それを体系的にまとめることは不得意」かもしれない。となると、作成された内容は、その技術者以外にはさっぱり理解できない可能性もある。もしもそうなったら、あなたはレポートの内容について、そのスタッフに質問をしまくるという、大変な作業を強いられる。

このように、意思決定には必ず不確定要素が伴うもの。もちろん、この例では事前の打ち合わせによって、トラブルを避けることができるのも事実だが、いずれにせよ、100%不確定要素を排除することは不可能。どんなにシンプルな意思決定をしても、さまざまな不確定要素とつき合うことになる。その現実を、把握しておくことが大切だ。

本項は、あくまで意思決定と不確定要素とを切り分けることとの重要性を説いた。

コントロール可能・不可能？

意思決定内容

◎レポートのフレームワーク

◎レポートのパート分け

◎市場の成長性分析

◎新商品の優位性分析

◎収益見込み　など

↓

コントロールできる

不確定要素

・**原稿提出**
◎締め切りを守ってくれるか？

・**レポート内容**
◎満足できる内容か？

・**技術的な解説**
◎他者にも分かる内容か

↓

コントロールできない

しかし現実には、事前に不確定要素と意思決定項目を切り分けたうえで、シナリオ分析をしながら、より戦略的な決定を行うこともできる。

後述する意思決定ツリー（デシジョン・ツリー）と呼ばれる手法だ。この準備として、少々手間がかかる分析作業をすることになるが、現実的な意思決定を行うには、とても強力なツールになる（意思決定ツリーについては、第2章でさらに詳しく説明する）。

■解説

今回の事例でまず考えられるのは、競合他社の追随。事前にいろいろと情報収集しても、具体的なリアクションは、商品を発売してみないと分からない。

次に、この市場の成長性について。新商品の販売計画は、その市場が順調に成長していくことを前提にしている。もちろん、事前に市場調査をしているが、実際の

Case Studyの解答

1　競合他社の動向

2　市場の動き／成長性

3　自社の販売チャネル

ところは、ふたを開けてみないと分からない。ある日突然、代替商品が登場して、この市場自体が衰退していく可能性もありうる。

さらに内部の要因。新商品で新たに使う販売チャネルという不確定要素。たとえこのチャネルが有効でも、問題が発生した際の改善策、あるいは別チャネルでの販売方法などを、検討しておく必要がある。

まとめてみると、このケースでは、「競合他社の動向」「市場の動き／成長性」、そして「自社の販売チャネル」という不確定要素が存在しているということだ。

Case Study

店舗開発担当のあなたの前に２つの案件がある。店舗Ａは、自社の店舗ネットワークが充実している東京・多摩地区での新規案件。年間売上は２億円が見込める。自社の他店舗は売上も順調で優秀な人材も多く、何人かを応援に送れそうだ。堅い収益が見込める。

店舗Ｂは、大阪北部という新規商圏での案件。事前のシミュレーションでは年間売上２億円が期待できた。大阪での出店は新しいチャレンジで、これまでに培ったノウハウが通用するか、また人材の確保などにも不安要素はある。だが、今後の関西進出に向け、足がかりにしたい案件だ。

さて、「販売網を拡大して成長する」という目的を考えると、どちらに投資すべきだろうか？

a 東京・多摩地区の店舗Ａ

b 大阪北部の店舗Ｂ

すべての条件を満たす、完璧な選択肢はなかなか存在しない。しかし、完璧でなくても、何かしらの選択肢を選ぶことが求められる。そんなときに、「これもダメだし、あれもダメ。打つ手なしだ」と嘆いても仕方ない。

目の前の与えられた選択肢から、最善のものを選び出す。それがビジネスの世界。とにかく意思決定して前に進まないことには、何も始まらない。

そもそもの目的を達成するためには、いくつかの要素が抽出できた。それらに、現状に即した優先順位をつける。そうすればいくつもの要素が並べられようとも、次のアクションが起こしやすい。

1―2で、ビジネスマンとして成長するために、販売企画部の責任者になる事例に触れた。目的を達成するための、要素分解も行った。本項では、さらにそれぞれの要素に優先順位をつけてみよう。

この目標達成には、販売企画の業務にまつわる多くの経験や知識、コミュニケーション力や交渉力、そして分析力や発想力が不可欠だった。

それらをリストアップすると、かなりのボリュームだ。当然のことながら、すべての要件を満たすには、相当の時間と努力が必要で、大変なチャレンジになりそうだ。

現実的なアクションを起こすため、次にするべきことを確認しよう。

◎分解された各要素の優先順位をつける

ここでの問題は「どれから手をつけたらよいのか」明確でないこと。どのような順番でアクションを起こすべきか、あやふやだ。

それぞれの要素について重みをつけて、何から始めたらよいかクリアにしよう。そうすれば、プロジェクトへの参加や、部署異動といった目の前にある成長の機会の中から、どれを選ぶべきか素早く判断ができる。

責任者になるために必要な要素は、業務経験と知識、そしてスキルの3つだった。例えば、次のような優先順位をつけたとしたら、アクションの方向性はすぐに決まり、「販売プログラム開発プロジェクト」と「分析力トレーニング」の機会が、同じタイミングでかぶってしまったときでも、どちらを優先するかすぐに決断できる。

すべてを一気に達成することは難しい

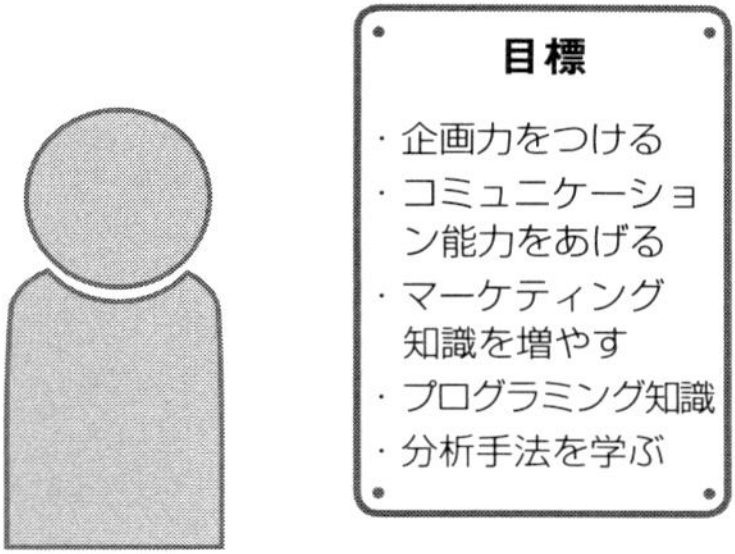
目標
・企画力をつける
・コミュニケーション能力をあげる
・マーケティング知識を増やす
・プログラミング知識
・分析手法を学ぶ

①コミュニケーションや分析力などのスキルセット
②販売プログラム開発などの業務経験
③マーケティングや営業管理の知識

自分にとって今最も必要なのは、①スキルセットを磨くこと。過去の実績を分析して、鋭い示唆を引き出せるようになりたいが、新しい販売企画案を生み出すためには、今の分析力ではまだまだ足りない。それが不十分なままで販売プログラム開発に参加しても、付加価値をつけられるかどうか定かではない。

ここでは、まずは足元を固めるために、必要なスキルを身につけることを最優先させるべきだ。

最優先課題によって意思決定の内容は変わる

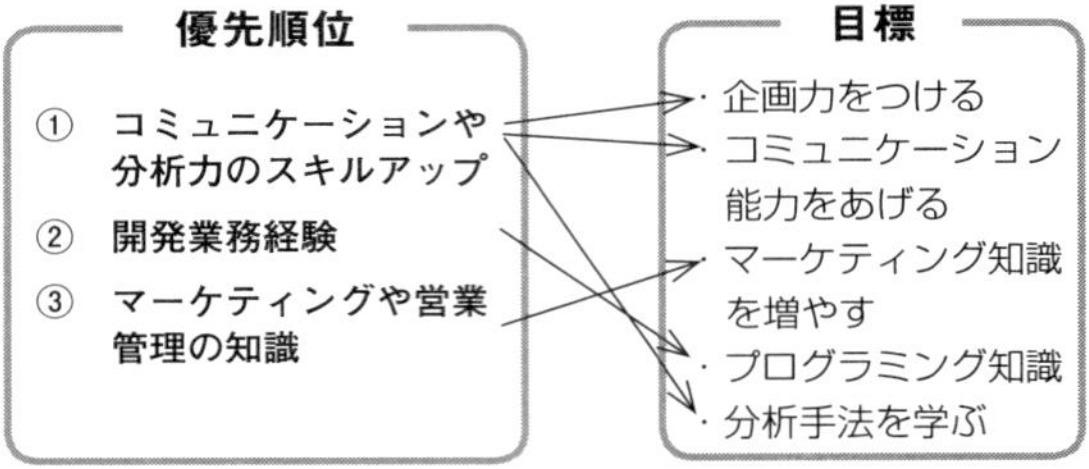

もちろん、この優先順位は今回のケースに合わせたものなので、一般的にこれが正解ということではない。

優先順位は、「意思決定する本人が、そもそもの目的と、自分の置かれた立場を踏まえたうえでつけるもの」だ。

仮に同じ会社で、同じ目標を持った人が複数いても、その人の得意不得意によって、取り組むべき優先順位は大きく変わる。スキルセットはあるが、逆に業務経験が足りない人ならば、当然最優先の課題は業務経験を積むことになる。

重要なのは、**要素ごとに分解された「そもそもの目的」に、状況と照らし合わせて優先順位をつけること**だ。クリアに分解された要素でも、どれ

第１章のまとめ

①「そもそもの目的」を明確にする

↓

②目的を「構成する要素」を抽出する

↓

③「不確定要素」を分離する

↓

④「意思決定内容」に優先順位をつける

が最重要課題か把握しなければ、廻り道をすることになる。

不完全で不確実なビジネス世界でも、常に意思決定して、前に進むことが求められている。そのためにも、この優先順位づけを、ぜひとも身につけて活用してほしい。

さて、これまでの説明で優先順位づけが、「そもそもの目的をクリアにする」手法と似ていることに気がついた方もいるだろう。どちらも肝心なポイントを見逃さず、数ある選択肢を絞るのに有効な手段だ。

ここまでのプロセスで目の前にある意思決定をすることができたら、まず大きく失敗することはない。もちろん、結果として不確定要素に翻弄されて、また意思決定をやり直すことはあるだろうが、これはどんな決断にもつきまとう。意思決定のプロセスに問題があるのではない。意思決定は成功確率を高めるための手法であって、100%の成功を約束する魔法ではないのだから。

■解説

さて、今回の目的は販売網を拡大して成長すること。つまり「売上を確保しながら効率的な運営によって収益を達成」「次なる成長への布石となる店舗開発」の2つが、目標を達成する課題である。では、どちらが優先課題なのか。

まず、最優先課題が「売上と収益の拡大」であれば、店舗Aが正解になる。シミュレーション上では差はないが、すでに東京での実績がある店舗Aの売上達成は堅く、かつ販売網の拡大も可能だ。

店舗Bは新商圏なため、現実的に年間2億円の売上が達成できるか未知数だ。

Case Studyの解答

		売上と収益の拡大	成長への布石
a	東京・多摩地区の店舗Ａ	○	△
b	大阪北部の店舗Ｂ	△	○

一方、最優先課題が「成長への布石となる店舗開発」であれば店舗Ｂへの投資が正解だ。

東京の店舗運営は成功している。さらなる成長を図るための、関西進出はチャンス。１００％ではないが、売上見込みも立っている。新しいノウハウも蓄積でき、人材開発もできる。リスクをとってでも、投資するべきだ。

両店舗も、目的達成の条件を満たしているという意味では同等である。しかし、企業の置かれた状況によって、どちらを優先するかはまったく異なる意思決定になるのだ。

第2章
「ロジック」を駆使して意思決定する

Case Study

あなたの企業は、A事業の継続か撤退かという意思決定を迫られている。このA事業は、昔は花形事業で会社の成長を引っ張ってきたが、今では収益率も年々悪化し、前年の実績を確保するのも精一杯。市場全体の伸びも止まり、差別化による事業拡大も手詰まり状態だ。

一方で、今後大きく拡大していく市場での新規投資案件が、いくつか上がっている。自社の強みも生かせ、競合他社よりも優位にたてる可能性も高い。うち何件かは、成功すればA事業の数倍の売上規模が見込めるだろう。

この企業のそもそもの目的は「事業規模を拡大」すること。それをふまえたうえで、A事業の継続か撤退かを判断せよ。

a このまま継続させる

b 撤退する

第1章では、意思決定に必要な基本ツールや考え方について紹介した。まずは「そもそもの目的を明らか」にし、「そもそもの目的を要素ごとに分解」する。その際に「不確定要素は意思決定から外し」、「分解された要素に優先順位をつけて意思決定をする」という流れだ。

さて第2章では、これまでに紹介してきた手法を組み合わせて、より実践的な意思決定の手法を紹介していく。

◎オプション比較

これは、**そもそもの目的、分解された要素、優先順位をシンプルに整理したうえで、ひとつに組み合わせ、クリアな意思決定をする**手法だ。目新しい考え方やツールを使うわけではない。これまでに紹介してきた考え方を、縦横のマトリックスで整理するのだ。

ロジカルに解説できるこのオプション比較は、その意思決定に至った理由をシンプルに説明できるため、関係者からの同意も得やすい。

なお、このマトリックスは慣れるまでは簡単な事柄でも、紙に書いたほうがよい(手書きで十分)。頭を整理でき、決定力のトレーニングになる。

論理的に導き出された結果は、たった一枚の資料でも十分に強力な説得力がある。さまざまな意思決定を迫られるビジネスシーンでは、本当に心強い武器になるので、ぜひとも身につけてほしい。慣れてくればマトリックスが自然と頭のなかに浮かんでくる。ここまでくれば、決定力は相当パワーアップされているだろう。

◎意思決定の要素をマトリックスに落とし込む

まずは、そもそもの目的を明確にする。スライドなどの資料に落とし込む場合には、一番上やページの一番左に書いて、いつでも確認できるようにしておくとよい。そして、要素ごとに分解し優先順位をつければ、下準備ができる。

次に、各選択肢をそれぞれの評価基準で評価する。○~×でよいが、感覚で評価しては意味がない。必ず理由を考える。各評価の下に簡潔に理由を書き込めば、自分の考えがクリアになり、誰かに見せる場合でも説明が省ける。

オプション比較の書き出し

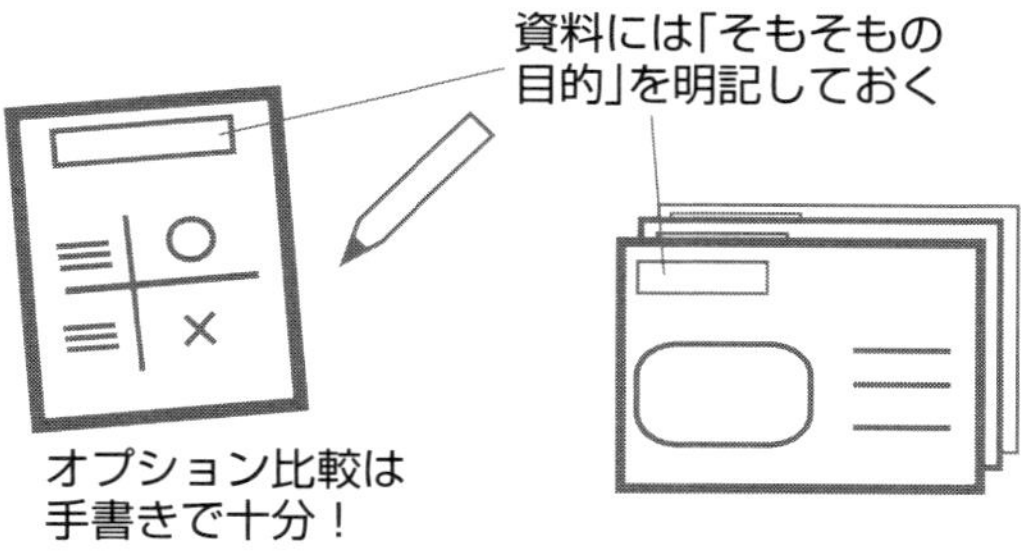
資料には「そもそもの
目的」を明記しておく
オプション比較は
手書きで十分！

完成したマトリックスが、オプション比較と呼ばれる手法だ。難しい作業ではない。紙に書き落とすことで、ものごとが明確になる優れものの手法だ。

では身近な事例で、このマトリックスを使ってみよう。

◎マトリックスの活用

あなたは販売店を担当する営業マンで、「今よりもっと営業力をパワーアップさせて、成績を伸ばしたい」と思っている。そのためには、コンサルティング営業の力と、商談をまとめる交渉力を身につけることが必要だ。

これまでの営業経験で電話での説明には慣れ、

新規顧客へのアポ率や件数も上がってきた。しかしいざ商談をすると、相手の立場に立った提案力が決定的に足りない。

単に、自社商品を扱ってもらうだけではなく、消費者の購買を促す積極的なアドバイスがしたい。また、商談がうまく進んでも、最後の詰めが甘く、取り逃がした案件も多い。どうすればもっとうまく商談成立ができるのか。

そんなときに、社内トレーニングの告知があった。「交渉術トレーニング」と「マーケティング・トレーニング」の2つ。両方に参加したいが、時間的に余裕がなく、どちらかひとつしか出られない。どちらを選ぶべきか。

この意思決定をオプション比較を使って、マトリックスに落とし込んでみよう。そもそもの目的は、「営業力を強化して成績を上げる」こと。そのためには、コンサルティング営業力と、商談をまとめる交渉力を身につける必要がある。優先順位が高いのは、前者のコンサルティング営業のスキルだ。このスキルが足りないので、なかなか商談成立まで至っていない。

ここでの2つの選択肢を、分解されたそもそもの目的で◯〜×評価をすると、マ

マトリックスを使えば頭を整理できる

そもそもの目的
「営業マンとしてパワーアップしたい」

	オプション① **交渉術トレーニング**	オプション② **マーケティングトレーニング**
優先順位① **コンサルティング営業力**	×	○
優先順位② **商談をまとめる交渉力**	○	×

ーケティング・トレーニングに参加するべきだと理解できる。「優先順位の高い評価基準で○がついている」選択肢が、そもそもの目的をより達成できることになるからだ。

このような簡単なものでも、紙に書き出せば、頭を整理でき、意思決定も早まる。

慣れてくると、このマトリックスが自然と頭のなかに浮かんでくる。ここまでくれば、決定力は格段に向上されている。

■解説

例題のそもそもの目的は「事業を拡大する」こと。分解すると「売上を確保」「成長が見込める

意思決定の要素をマトリックスに

そもそもの目的 「中長期的な売上規模の拡大」

	A事業を継続する	A事業から撤退して、新規案件に投資する
優先順位① **成長が見込める事業に投資する**	×	○
優先順位② **売上を確保する**	△〜○	△
総合評価	×〜△	○〜△

事業に投資」の2つの要素がある。では、どちらを優先すべきか。

今後の売上規模の拡大には「成長が見込める事業に投資する」ことが最重要課題だ。ある程度の売上が見込めても、中長期的に成長できなければ、そもそもの目的を達成することはできない。

次に「A事業を継続する」「A事業から撤退して新規案件に投資する」という2つの選択肢で、各評価項目に○〜×をつけ、その理由を考える。

まず成長性では、A事業の継続は×。市場も衰退し、かつ成長させる手立てもないのだ。売上の確保という点では、A事業は△〜○。少なくとも現在の売上規模と同等かそれに近い数字は見込め

Case Studyの解答

a　このまま継続させる　×～△

b　撤退する　○～△

るのだから。

一方で、A事業から撤退し、新規案件への投資をする場合、成長という意味では○になる。新規投資案件は、すべて成長が見込める市場だ。自社の強みも生かせて、競合他社に先んじた戦略展開ができるのも評価理由になる。売上の確保では△。成功確率は高いが、１００％確実にA事業と同等以上の売上を確保できる保証はない。

総合評価でみると、A事業を存続するは×～△、A事業から撤退は○～△。ならば、A事業から撤退して新規事業に投資することが、そもそもの目的が達成できる、成功確率の高い選択肢だということになる。

2-2
不確定要素（リスク）の性質を理解しておく

Case Study

A社は今、主力商品の値下げを検討している。最近売上が落ちてきているのと、顧客アンケートの結果から、その主力商品に割高感があることが分かった。しかし、この値下げ戦略が思ったとおりの効果を発揮するかどうかは、競合他社B社のリアクションに左右される。すなわち、B社のリアクションが不確定要素になるということだ。

さてこのケースでは、B社のリアクションについてどんなことが考えられるだろうか。

競合B社のリアクションについて、「YES・NO型」と「シナリオ型」の場合の２種類を使って、不確定要素の振れ方を予測してみよう。

YES・NO型

シナリオ型

シンプルでクリアな意思決定をするには、不確定要素は検討項目から外すべきだと前章で述べた。しかし現実には、コントロール不可能なことも、検討作業に含む必要がある。

不確定要素と上手につき合うにはどうすればよいのか。答えはシンプルだ。ロジカルに導き出したアクションが、不確定要素によってどう影響されるか、事前に数値化して把握しておくのだ。

◎不確定要素をどう把握するか

不確定要素の性質および振れ方を試算し、次の意思決定の準備をしておく。

不確定要素を理解するとは、どんなシナリオに、どれくらいの確率で振れる可能性があるか、事前に把握しておくこと。確率計算はざっくりで十分。自分が下した意思決定の成功確率を、あらかじめ理解するのが目的だ。

また、不確定要素が想定以上に振れたときでも、次の意思決定の準備をしておけば迅速な対応ができる。

◎不確定要素を理解するポイント

新商品の発売には、マーケットの成長や競合他社の動向が不確定要素だ。しかし、過去の傾向やロジカルなシナリオ構築で、それらがどれくらいの確率で、どのような方向に振れるのか、ある程度予測することはできる。

そのために**「その不確定要素はどんなタイプか」「どれくらいの確率で不確定要素が振れるのか」という、2つのポイントで理解しておく**必要がある。

◎不確定要素のタイプとは

「YES・NO型」と「シナリオ型」の2つのタイプが存在する。

YES・NO型は、〝何々になる／ならない〟の、2つの結果のどちらかに不確定要素が振れるものだ。例えば雨が降る／降らないといったこと。シナリオ型は、不確定要素をいくつかのパターンで想定できるもの。〝ある市場が大幅に成長する・今のままで推移する・これから縮小していく〟といった振れ方をするものだ。

どちらの場合も、どれくらいの確率で起こる可能性があるかを抑えておく必要が

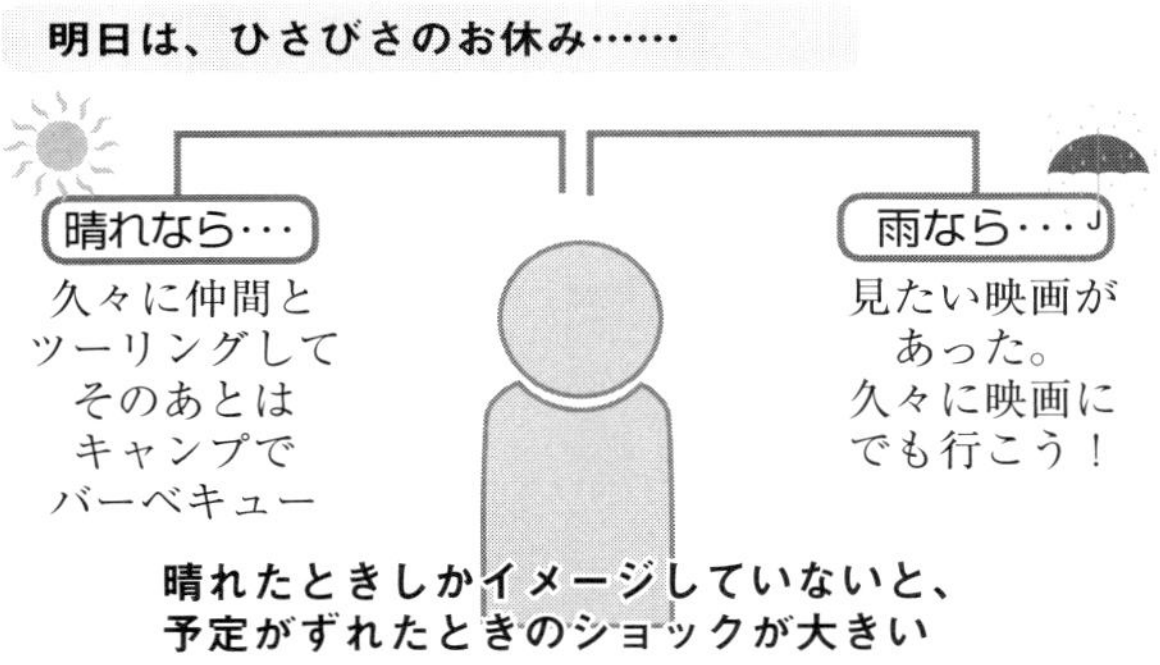
明日は、ひさびさのお休み……
晴れなら・・・
久々に仲間と
ツーリングして
そのあとは
キャンプで
バーベキュー
雨なら・・・
見たい映画が
あった。
久々に映画に
でも行こう！
晴れたときしかイメージしていないと、
予定がずれたときのショックが大きい

ある。YES・NO型ならば、YESとNOのそれぞれの確率。シナリオ型ならば各シナリオが起こりうる確率を把握する。

これらの確率は、過去の経験やロジカルな分析で試算する。もちろん、完璧な予測は不可能だし、計算に必要な材料がすべて揃うわけではないので、最終的な確率はラフな数字でも十分だ。それでも、この先の展開を予測しないときよりも、心の準備ができる。

オンラインで本を買う場合に、面白くて役に立つ本を買える可能性を考えてみよう。多くの方が「目的に合った本を何冊かみつけ、その中から一冊の本を選び出す」というプロセスを踏んでいる。しかし、概要や書評を参考にしても、期待どおり

不確定要素のタイプ

Yes・No型		シナリオ型
・ヒットする ・ヒットしない	新商品販売	他社が…… ・追随してくる ・しばらく静観 ・対抗してこない

の本かは、実際に読んでみないと分からない。

過去にそのオンライン書店で買った本が、ニーズに合致していた確率が70％くらいだったと分かっていれば、予想に反してつまらない本を買ってしまっても、１００％の期待がない分、気が楽。これがラフな試算の効果だ。

もちろん、コントロールできないことに変わりはないが、つまらなければ、その本はオークションで売り飛ばし別の本を注文しようと、あらかじめ次のアクションをイメージできる。

この例はＹＥＳ・ＮＯ型だが、シナリオ型でも確率を予想する方法は基本的に同じである。過去の経験をもとに、大体の確率を把握するのだ。しかし、これまでに経験がない、まったく新しい不確定要素の場合ではこの手法は使えない。

その場合は、似たような事例やロジカルに考えることで、「このシナリオになる可能性は高そうだ」「このシナリオはあり得ない」といった予測が立てられる。予測の精度は下がるが、リスク管理をしないよりはマシだ。

■解説

YES・NO型なら、B社のリアクションは、YESは値下げに対抗してくる、NOは値下げに対抗してこないという、シンプルな振れ方になる。

次にシナリオ型では、①同じ価格まで値下げしてくる、②A社以上に値下げしてくる、③何もしてこない、の3つが考えられる。

またB社が値下げに対抗するのが明らかな場合、値下げ幅によって、いくつかのシナリオを想定することも正解だ。

どちらのタイプでも、その確率を過去の事例から予想を立てておく。過去のB社のリアクションから①が20％、②が5％、③が75％と類推できれば、これだけでも十分に有効な情報になる。他社の事例などの情報があれば、かなりの精度で傾向が予測ができ、仮に何もリアクションを起こさない確率が高ければ、ここで一気に値下げ攻勢に出るという戦略の成功確率も高まる。

また、B社が新規参入業者で、過去の事例がない場合は、B社の戦略や現在の状況から、予測を立てることになる。

例えばB社が、市場拡大を図っていれば、販売量を確保するため短期的に値下げに対抗してくる可能性が高そうだと予想できる。一方でB社は競合企業だが、A社とは商品ラインナップが異なり、高級志向で値下げをしない戦略ならば、対抗してこない可能性が高くなる。いずれも、かなりラフな確率になるが、成功確率を事前に把握できる意味は大きい。

Case Studyの解答

■Yes・No型

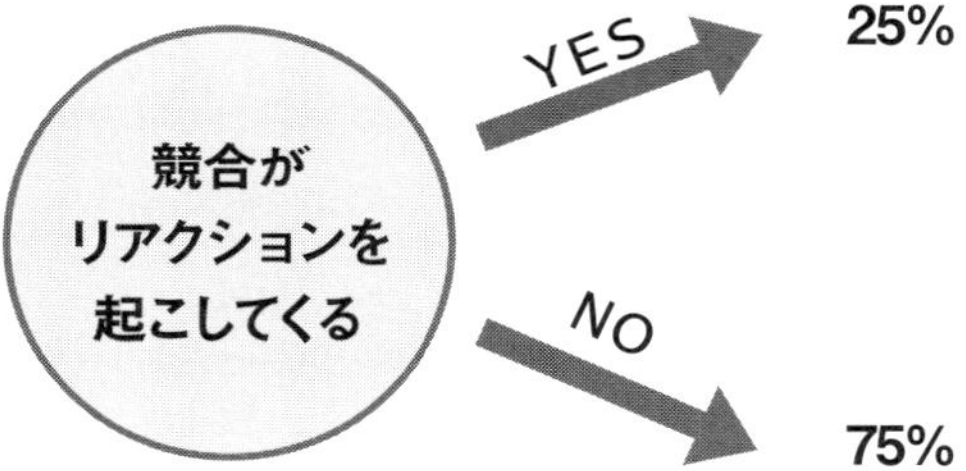
競合が
リアクションを
起こしてくる
YES
25%
NO
75%

■シナリオ型

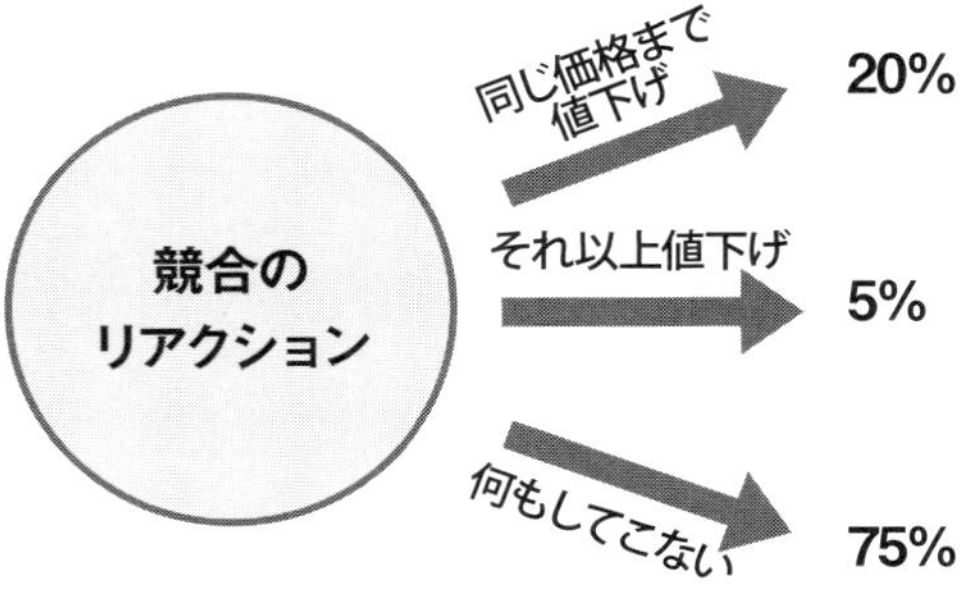
競合の
リアクション
同じ価格まで
値下げ
20%
それ以上値下げ
5%
何もしてこない
75%

2-3

意思決定ツリーで、次の一手まで見とおしておく

Case Study

今あなたの企業は、新商品を発売するかどうか意思決定するタイミングにある。選択肢は「発売する」「発売しない」の２つだ。

不確定要素は、３つのシナリオに整理できる。「ヒット商品になる」「ほぼ予測どおりに市場から受け入れられる」「全然売れない」という３つ。

さて、それぞれの不確定要素が起こりうる確率は、過去の新商品発売の事例から20％、70％、10％だと予測された。また、年間収益は、20億円、10億円、１億円になると試算できた。

新商品発売の意思決定ツリーを作成し、期待収益値を試算せよ。

意思決定ツリーの作成

不確定要素のタイプと確率を試算できたら、次はいよいよ意思決定ツリー（デシジョン・ツリー）を使って意思決定をする番だ。

意思決定ツリーとは、**ある決定をすることで、その後どんな結果が予想され、次にどんな新しい局面に直面するのか明らかにする**手法だ。最初の意思決定から、樹形図のように枝分かれしていくので、意思決定の内容が一目で理解できる優れもののツールだ。

意思決定は一度行えばそれで終了とはならない。不確定要素の振れ方によっては、すぐに次の意思決定がやってくる。これらにあらかじめ備えておければ、いざというときに迅速な次の一手を打つことができる。不確定要素とうまくつき合ってビジネスで結果を出すためには不可欠な手法だ。

さらに、各シナリオで想定できる収益規模にそのシナリオが起こる確率を掛け合わせることで、期待値が計算できるのも、この意思決定ツリーのポイントだ。

そもそもの目的を達成するには、結果が伴わなければ意味がない。あらかじめ試算したシナリオが、そもそもの目的を満たせない、あるいはその可能性が小さけれ

意思決定ツリー

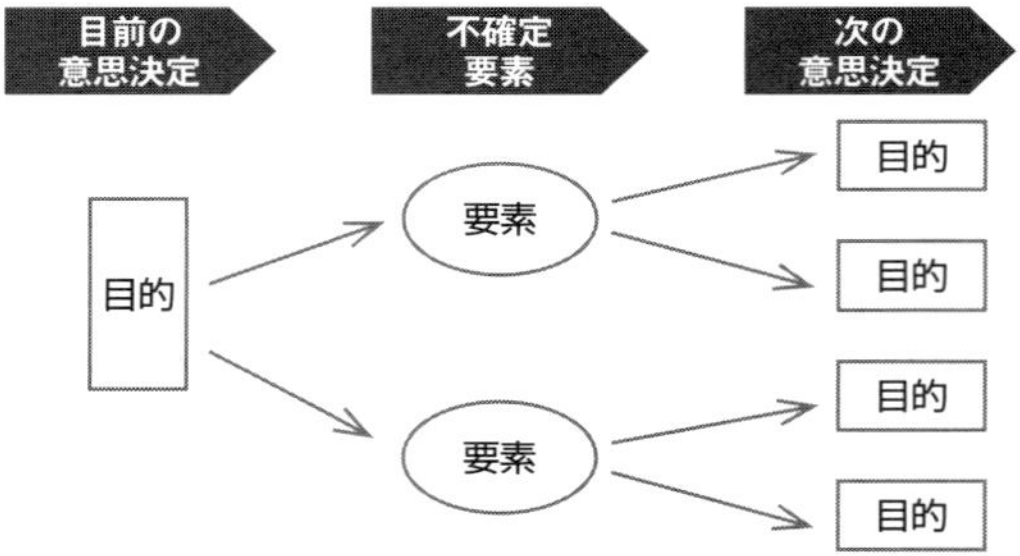
目前の意思決定
不確定要素
次の意思決定
目的
要素
要素
目的
目的
目的
目的

ば、その意思決定は間違いだ。成功確率が高い意思決定とは、しっかりと結果に導く決定である。

◎意思決定ツリーの作り方

意思決定の作り方には簡単なルールがある。

最初に「意思決定の内容」を置き、その「意思決定に伴う不確定要素」が現れ、それが「シナリオ別に枝分かれ」して、樹形図のようになっていく。

さらに、意思決定する内容と、不確定要素を区別できるように、異なる形で書くのだ（上記では、意思決定項目は四角、不確定要素は丸で囲んだ）。

こうすることで、「いったいどんな意思決定が必要なのか」、次に「どんな不確定要素がどんな振れ方をするのか」、そしてその「結果としてどんな状況が想定されるのか」が、一目瞭然で分かる。

◎意思決定ツリーの使い方

今あなたが、ある企業の株を買うか思案しているとする。この場合、意思決定のシナリオは「買う」と「買わない」だ。

次に、株を買うと決めたときの不確定要素として「株価が上がる」と「株価が下がる」の2つのシナリオが想定される。

そこで、それぞれにおいてまた次の意思決定が生じる。「値上がりした株をどうするのか」と「値下がりした株をどうするのか」だ。

「株を買った」からといって、意思決定がそこで終わるわけでなく、「その株をどうするのか」といった、次の意思決定が生じる。

肝心なのは、その先に、どんな意思決定が待ちかまえているのか、事前にしっかりと理解しておくこと。これができれば、仮に株価が下がっても、ロジカルに次の

株を買うのも意思決定だ

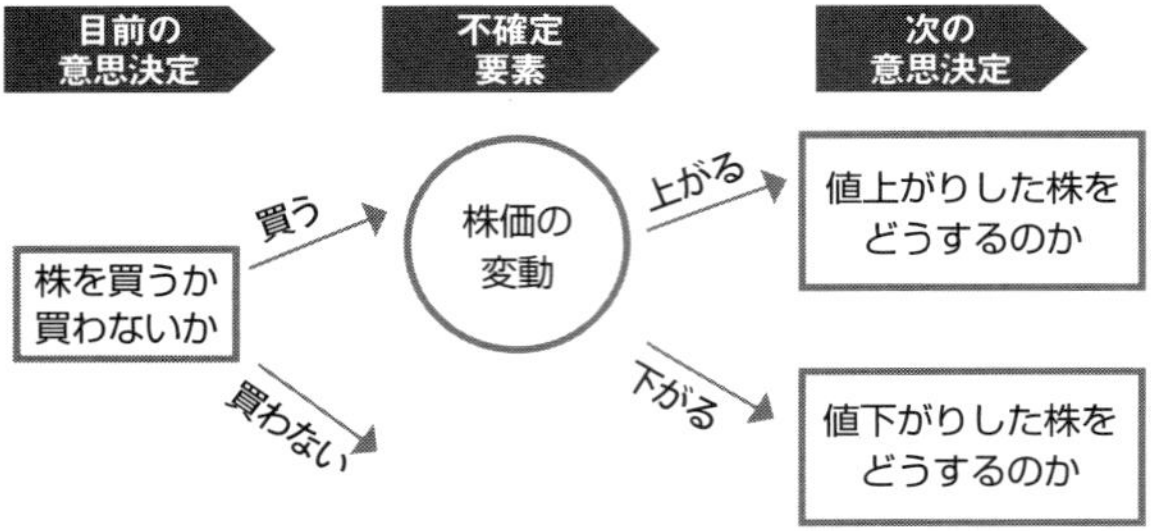
目前の意思決定
不確定要素
次の意思決定
株を買うか買わないか
買う
買わない
株価の変動
上がる
下がる
値上がりした株をどうするのか
値下がりした株をどうするのか

意思決定ができる。

もしも、株価の下落を想定していなければ、値下がりした事実に動揺して、傷口をさらに広げてしまいかねない。

意思決定をするときには、冷静に起こりうる状況を前もって想定しておくことが必要なのだ。そして、新たな意思決定に直面した場合でも、再度、そもそもの目的を明確にして、分解した要素に優先順位をつけることで、次がみえてくる。

意思決定ツリーによって、期待値の計算だけでなく、「次の決定の内容」がかなりの精度で読めることが理解できるだろう。この効果は絶大だ。

■解説

今回の意思決定は「発売する」か「発売しない」の2つ。「発売する」場合には、①ヒット商品になる②予想どおりに売れる③全然売れない、の3つに不確定要素が分かれる。

期待収益値の計算は、①が20％、②が70％、③が10％だった。また、それぞれのシナリオでの年間収益規模は、20億円、10億円、1億円。20億円×20％＋10億円×70％＋1億円×10％＝11・1億円になり、これが新商品発売プロジェクトの期待収益値だ。

この新商品を「発売する」という決定では、理論的には11・1億円の収益が得られる可能性が高いということだ。投資金額がこの11・1億円よりも低ければ、投資の価値がある（もちろん実際の投資では、これほど単純ではないが）。

しかし数字の算出だけで満足してはいけない。あくまで次の一手の準備が意思決定ツリーの目的なのだから。

では、その先のシナリオを考える。

①では、追加投資でさらなる事業拡大を狙うのか、今の体制を続けるか、という意思決定になる。当初10億円の収益予想で生産体制を敷いたので、予想以上のヒットに品薄状態が続き、うまく対応できていない。しかし、この予想外の大ヒットは一過性のものかもしれず、不必要に生産量を増やすと、過剰在庫を抱えて、結果として収益が赤字になることだって考えられる。

②では、今の戦略を続けるのか、新たな一手を打って販売を加速させるのか、について決定することが求められる。

③ならば、どんな手段でプロジェクトの巻き返しを図るか、それともこの事業から撤退するのかという決定を迫られることになる。

Case Studyの解答

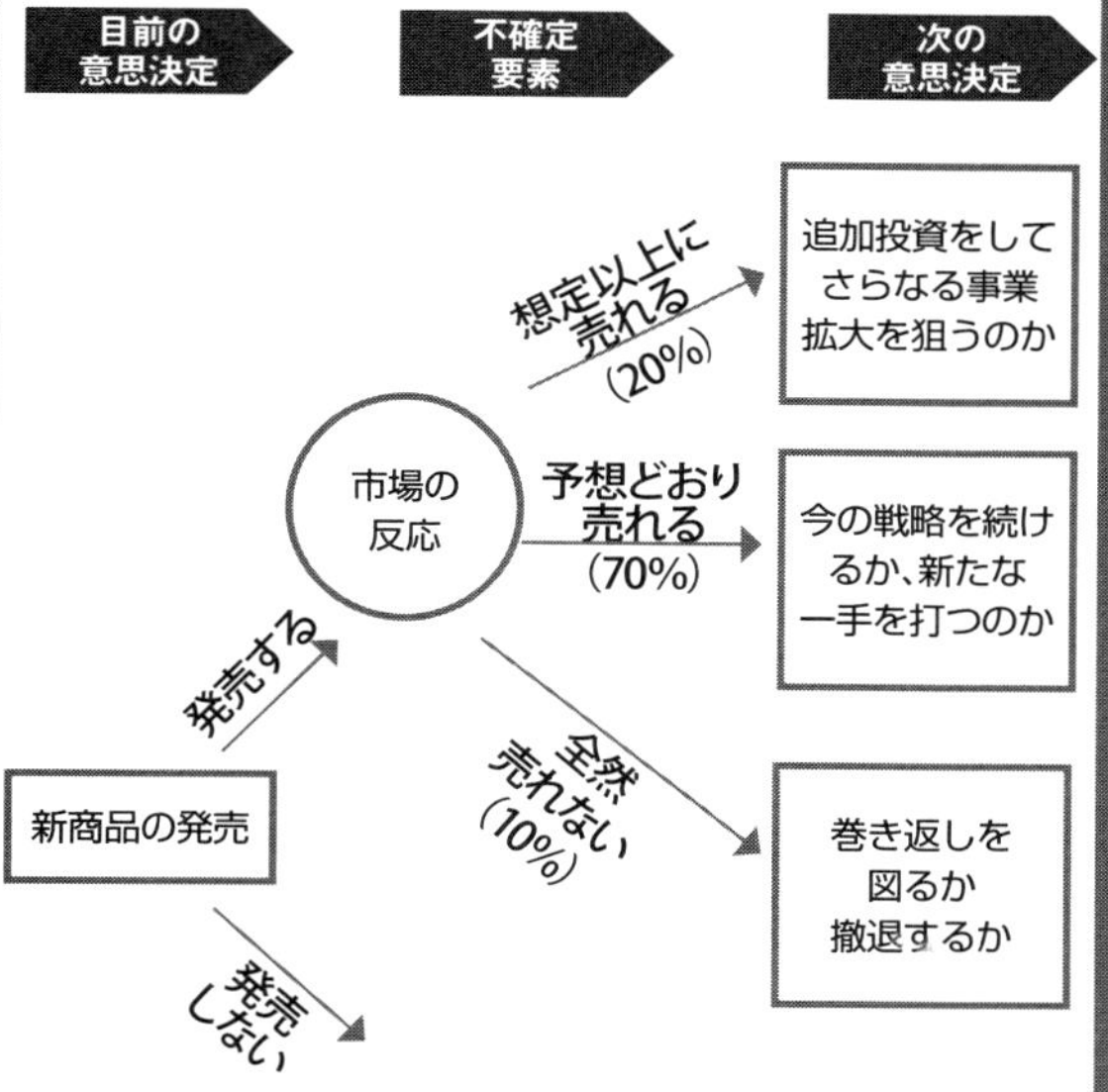
目前の
意思決定
不確定
要素
次の
意思決定
新商品の発売
発売する
発売しない
市場の
反応
想定以上に売れる
（20%）
予想どおり売れる
（70%）
全然売れない
（10%）
追加投資をしてさらなる事業拡大を狙うのか
今の戦略を続けるか、新たな一手を打つのか
巻き返しを図るか撤退するか

当初の期待収益は、11.1億円

20億円×20%＋10億円×70%＋１億円×10%
＝11.1億円

2-4

不確定要素が想定以上に振れたときは、すぐに意思決定し直す

Case Study

中長期的に成長することを「そもそもの目的」に、新商品を発売したが、想定外の事態が発生した。

ひとつめとして、生産工程に大きな問題が発生し、不良品が出てしまった。顧客からのクレームも多発している。それまでの売上は順調でマーケットの反応もよかっただけに、とても痛い打撃だ。

２つめは、競合他社が強力な類似商品を出してきたということ。しかもその競合商品は、自社の新商品とまったく同じ性能で、価格が大幅に安い。

不測の事態が起こった場合に、次の意思決定時の「そもそもの目的」はどう変化する？

▼

a 大量の不良品が発生した

b 競合他社が強力な類似商品を発売した

事前に想定しても、予想以上に不確定要素が振れることがある。意思決定ツリーは、不確定要素のタイプを把握し、クリアでかつ迅速な意思決定を可能にしてくれる強力なツールだが、けっして完璧な予測ツールではない。決定はスピードが命。そのために開発されたツールであるということを忘れてしまうと、肝心な場面で大きな間違いをおかすことになる。

とはいえ、不測の事態に陥ったときは、どうしても慌てて冷静さを失ってしまうもの。しかし、いつまでもそのショックに影響されていては、状況は打破できない。不確定要素は、ある程度の予測はできても、自分ではコントロールできない。当初の思惑と現状が違ってきたときには、そもそもの目的を変化させ、新たに決定を下す目的を明確にする。

本項では、状況が急変したときの対応策について解説する。重要なのは、すぐに意思決定し直し、次のアクションを起こすということだ。

◎不確定要素が想定以上に振れたら

前項同様、株を購入するケースで考える。いろいろと情報を集めて分析した結果、買うという意思決定をした。もちろん、不確定要素については事前に把握し、次の意思決定がどう変化するかは理解している。

値上がりした場合、そのまま持ち続けるか、売って利益を確定させるか。値下がりした場合も、そのまま持ち続けて株価の回復を待つのか、それとも売って少ない損失でとどめるのかといった内容が、次に直面する意思決定だ。

しかし、半値以下の大幅な値下がりまでは想定していなかった。そうなったら、どういう意思決定をして、どうアクションを起こすか考える必要がある。しかも素早く、ロジカルな思考に基づいて（この考え方については、第3章のサンクコストの項目でより詳細に解説する）。

ここで考えられる選択肢は、「すぐに売る」か、それとも「株価が回復するまで待つか」という2つ。株式購入のそもそもの目的は利益を手にすること。しかし、大幅な値下がりを見せた今、それは望めない。決定すべきは、損失をどう最小限に

立ち直れない大打撃が……

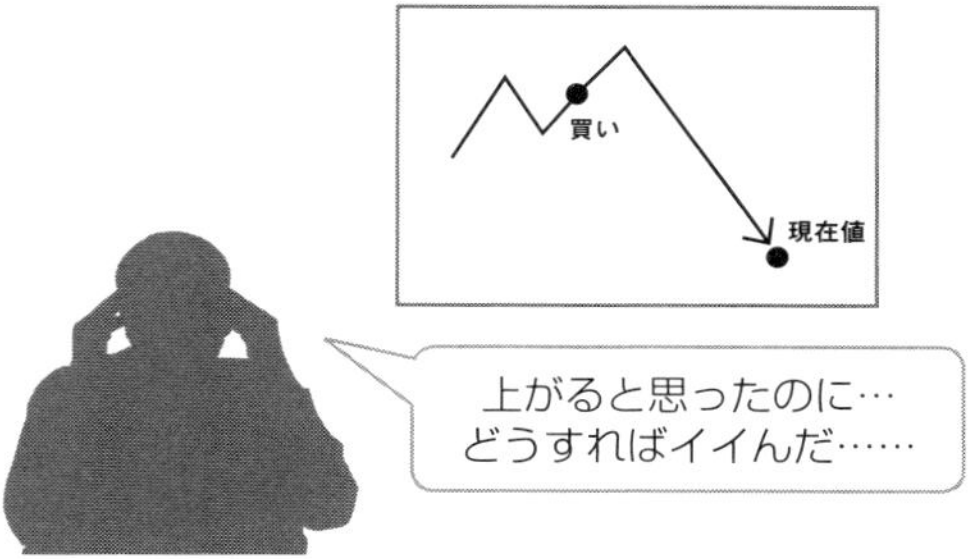
買い
現在値
上がると思ったのに…
どうすればイイんだ……

抑えるかだ。状況が変化し、意思決定の目的も変わったということだ。

急激な株価下落の理由を分析すると、主力製品に強力なライバルが出現していた。さらに不正会計操作も公表され、企業としての信頼も失われ、将来性が見込めない状態になったのだ。これでは、株価回復は望めない。最悪の場合、今以上に株価が暴落し、最後には倒産して紙くずになってしまう可能性だってある。

となれば、すぐにその株を売却するという意思決定をすべき。損失を最小限に抑えるという目的を達成するには、現実的にあり得ない株価回復のシナリオはバッサリと切り捨て、今すぐに資金を回収する必要がある。

株も人生もリスク管理が大切

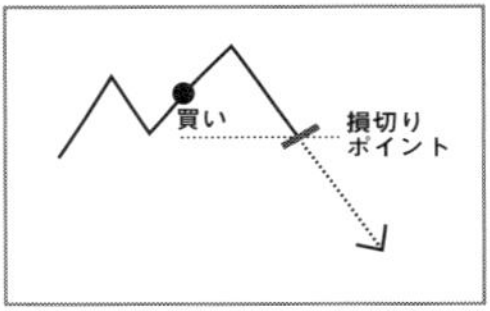
買い
損切り
ポイント

今回の株は値下がりしたけど、あらかじめ下落したときのことを考えてたから、損失の拡大は免れたな…

いずれのケースの場合も、不測の事態によって、置かれた状況は変化しているが、意思決定のプロセスそのものは変わらない。ロジカルに考え、迅速に決定し直し、アクションを起こすことが重要だ。

■解説

まずは、当初想定していなかった生産工程に大きな問題が発生し、不良品が大量に出た場合。

不良品が発生した場合、顧客の信用を回復するために、新たな意思決定を早急に行う必要がある。もちろん、そもそもの目的である中長期的な成長が大前提だが、何としてでも信頼を回復しなければ、中長期的な成長と収益増加は望めない。

対応策として、全商品を早期に回収して生産体制が正常に戻るまで販売をストップする。あるいは原因解明をしながら、今市場に出回っている商品に、後から無料で修理できる保証をつける。

そもそもの目的を考えたうえで、いったい何を最優先させるべきか。商品回収を行い、完全な生産体制で再度発売を開始するほうが、顧客からの信頼を勝ちとれる可能性は高い。短期的なコスト増を懸念して、不良品を回収しなければ顧客は離れていく。ここでは短期的な費用がかかることを承知のうえで、全品回収というアクションをとる意思決定が正解になるはずだ。

起きてしまったことは、もうコントロールできない。いまできることは、ヒット商品に返り咲きできるチャンスがある、この新商品の可能性を潰さないことだ。

では、競合他社が強力な類似商品を出してきた場合は？　その競合商品は、自社の新商品と同性能だが、価格は大幅に安い。一見すると、自社商品が失速に追い込まれそうだが、果たしてそうだろうか。

競合他社が低価格で発売してきたのには、必ず理由があるはずだ。マーケットの地位を確立した自社商品に対抗するため、価格で勝負するしかないのかもしれない。あるいは、販売チャネルで劣っている分、低価格で店舗での取扱の拡大を狙っているのかもしれないし、ブランド力で劣る分、値段で勝負したのかもしれない。

要は、競合他社がなぜそういったカウンターアクションに出たのか、そしてなぜそれが可能なのかを考え、そのうえで、迅速に意思決定をすることが重要なのだ。

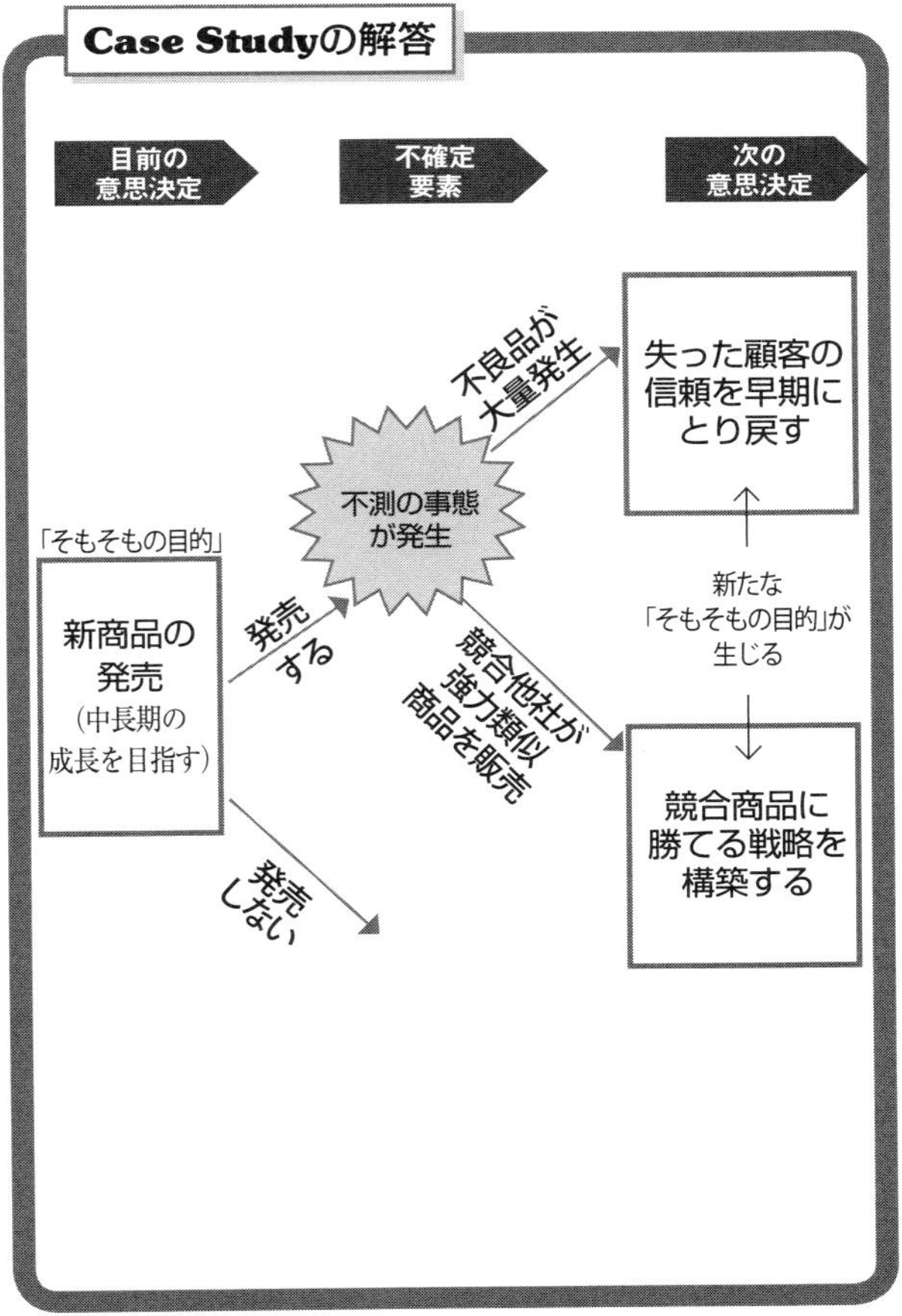
Case Studyの解答
目前の意思決定
不確定要素
次の意思決定
「そもそもの目的」
新商品の発売
(中長期の成長を目指す)
発売する
発売しない
不測の事態が発生
不良品が大量発生
競合他社が強力類似商品を販売
失った顧客の信頼を早期にとり戻す
新たな「そもそもの目的」が生じる
競合商品に勝てる戦略を構築する

Case Study

Ａ社が検討しているのは、これからの成長が期待される事業だ。その市場が業界予測どおり、短期間で一気に立ち上がると、年間500億円の収益を生む巨大事業になる可能性がある。

一方、この市場がまったく立ち上がらない、または成熟まで時間がかかる可能性も高い。その場合、当面の収益はまったく期待できない。

投資金額も250億円と大きく、この事業に参入すれば、当面の間、他の案件への投資は不可能だ。

市場が立ち上がれば、Ａ社独自の技術で他社と差別化でき、先行参入の利点を生かして、収益を指数的に拡大できるチャンスになる。

さて、あなたがこの企業の経営者だとして、シナリオ分析を使って、ＧＯ／ＮＯ ＧＯの評価をしてみよ。

シナリオ分析で評価

意思決定の鍵は、シンプルかつクリアに迅速なアクションを起こすこと。しかし、意思決定を遅らせることで生まれる価値もある。リアルオプションと呼ばれる意思決定手法のひとつ、「延期オプション」だ。

不確定要素の振れ方が大きかったり、予測が困難だったり、置かれる状況のぶれが大きくなるときに有効な手法である。

まったく新しい商品開発の場合、市場の成長性が予測できなかったり、その振れ方によって期待売上が大きく異なっては、新商品がそもそもの目的に合っていても、リスクをとる価値があるか疑問だ。

運が良ければその市場で最初に成功した企業として、先駆者利益を享受できるかもしれない。しかし、失敗すれば大きな痛手を被ることになる。ここは、その市場の動向をしばしウォッチして、〝行ける〟というタイミングで参入するほうが、現実的だ。

その場合、先駆者利益は少なくなる。しかし、それでも十分に投資に値する価値が手に入るとしたら、やはり成功のひとつになる。

意思決定を遅らせるとは、**状況をみながら柔軟に対応し、タイミングをはかって成功確率を高めていくこと**。けっして意思決定を放棄することではない。「意思決定を遅らせる」という、逆説的に聞こえるこの手法も、結果を求める点で同じなのだ。

◎予測不可能な不確定要素があるときは〝待つ〟

不確定要素があまりに予測しづらい状況で、なおかつそれによる影響が大きい場合、意思決定を遅らせることが必要。その決定によって、会社や自分の命運が左右されるほどのインパクトがあるかもしれないのだ。

新しいコンピュータを買おうか迷っているとする。このコンピュータは、これまでにないまったく新しいＯＳの上で動き、文字や数字の入力も今までのキーボードとは全然違う。ソフトウエアも根本的に異なる画期的なコンピュータだ。携帯するにも便利で値段も手頃。何よりも高性能。まさに自分が必要としていたコンピュータ。だとしたら、このコンピュータを買うという決定はそれほど難しくない。

しかし大きな問題がある。このコンピュータが一般的に普及しないかぎり、ど

“待つ”のと“後回し”にするのは違う

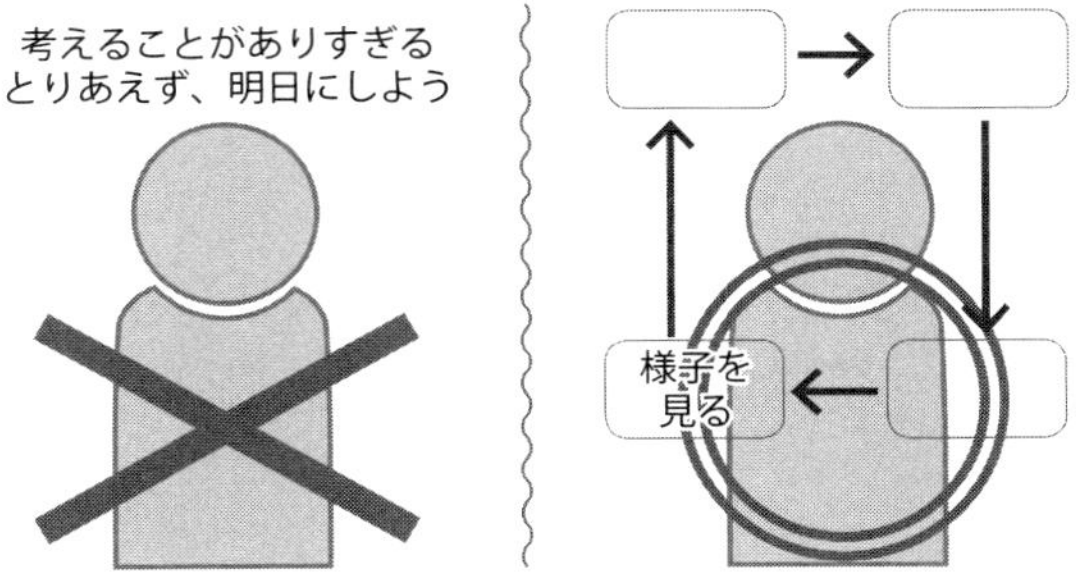
考えることがありすぎる
とりあえず、明日にしよう
様子を
見る

れだけ便利で素晴らしいものでも互換性がないのだ。せっかく作った資料を、広く普及しているOSとでやりとりができなければ、使い方に大きな制限が出る。コミュニケーション手段としてはまったく使いものにならない。

ここでの大きな不確定要素は、このコンピュータが普及するかどうか。この便利さを考えれば、短期間に一気に普及する可能性もある。しかし、どんなに優れた商品でも、数年後に存在が抹殺されたものだってある。このコンピュータも同じかもしれない。となると、今はこのコンピュータを買うという意思決定は遅らせたほうが賢明だ。ある程度世の中に普及してきた時点で、買うという意思決定をしても遅くはないのだ。

延期することにも意味がある

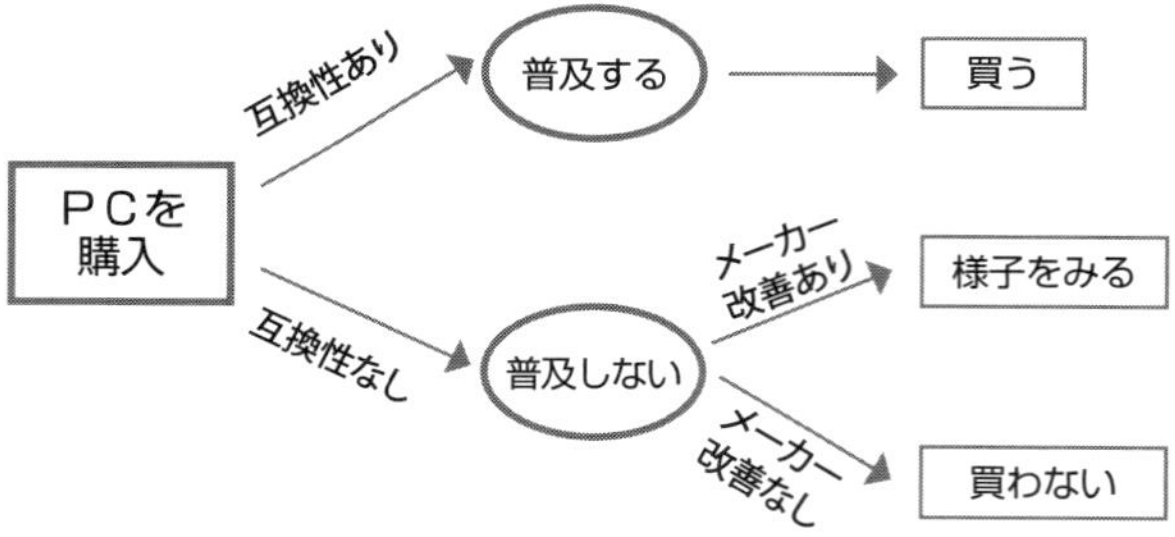
PCを購入
互換性あり
普及する
買う
互換性なし
普及しない
メーカー改善あり
様子をみる
メーカー改善なし
買わない

肝心なのは、〝今は待つ〟そして〝タイミングが来たら素早く動く〟という決定を論理的に行うこと。思考が停止した状態で、単に意思決定を先延ばしにする態度とは、まったく違う。

どちらに振れるか予測不可能な不確定要素を前にして、高いリスクを背負いながら今すぐ意思決定をすることは、必ずしも正しくない。

■解説

例えば、この市場が立ち上がる確率を20%、まったく立ち上がらない確率を80%と仮定して、期待収益値を100億円と試算したうえで、投資金額の回収期間を計算して、GOかNO GOかを意思決定することも可能だろう。

また、投資金額の回収期間からどれぐらいの成功確率があれば、事業として成立するのか計算できる。例えば、投資回収期間を5年とすると、年間に必要な収益は50億円になる。50億円÷500億円＝10％。つまり、成功確率が10％以上あれば、投資の回収が可能と試算できる。

しかし、いずれの方法も机上の空論。

試算した結果が語ってる重要なことは、80～90％の確率でこの事業は失敗するということだ。しかも今後の命運を左右するほど、失敗が目の前に控えているということでもある。となれば、この市場が業界で予測されているように、ある程度立ち上がったのを確認した時点で、再度迅速に決定して参入するほうが、成功確率は格段に高まる。

一方で、今意思決定をしないことで、失う機会が出てくるのも事実だ。例えば、先行参入した他社が、運良くこの市場の成長に乗って、先行者利益を享受するかもしれない。また追って参入したときには、すでに確立されてしまった市場のルールや、他社がつくりあげたデファクト・スタンダードに従うことになるかもしれない。となれば、当初見込んだ年間５００億円の収益は厳しいだろう。

このケースでは、意思決定のタイミングが重要なポイントになる。単に意思決定を先延ばしにすればよいということではない。不確定要素がポジティブなシナリオに振れたときに素早くアクションを起こすと、どれくらいの規模で収益を確保できるか、そのためには何が必要かをあらかじめ考えて、戦略を練っておく必要がある。

さて、このケースで登場する企業がベンチャー企業の場合、異なる意思決定が正解になることも補足しておこう。もともと会社の強みや資本力が限定されているベンチャー企業では、大化けする可能性が高い事業に会社の命運を賭けて勝負を挑むのはやむをえない。状況が分かってから参入しても遅いのだ。結果としてベンチャー企業が成功して、生き残る可能性はとても低い。なかには、確実に成功を重ね、巨大企業へと変貌していく企業があるが、その背後には、消え去ってしまったベンチャー企業が数多く存在するのもまた事実である。

Case Studyの解答

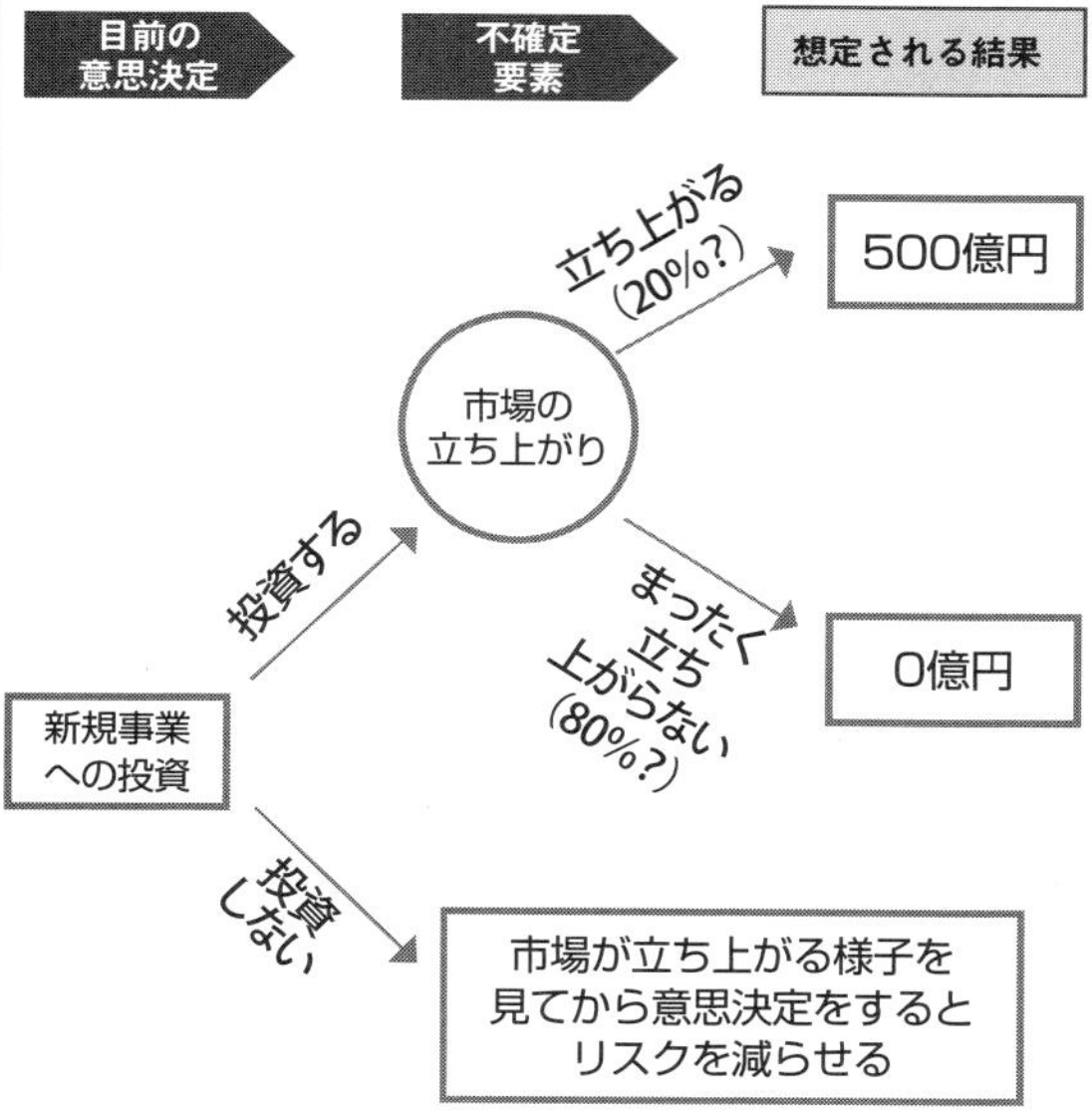
目前の意思決定
不確定要素
想定される結果
新規事業への投資
投資する
投資しない
市場の立ち上がり
立ち上がる（20%?）
まったく立ち上がらない（80%?）
500億円
0億円
市場が立ち上がる様子を見てから意思決定をするとリスクを減らせる

期待収益を100億円と試算もできるが……

80%の確率で250億円の巨大投資が水の泡に！

第３章

「無意識のワナ」による、誤った意思決定を避ける

◎無意識のうちにおかしてしまう間違いには原因がある

第1章と第2章では、ロジカルな思考をベースにしながら、シンプルでかつクリアな意思決定をする手法を紹介してきた。第3章では、実際の意思決定にはどんなワナが潜んでいるのかを理解し、それらに翻弄されない対応策を提示する。意思決定の基本手法であるオプション比較やシナリオ分析といったツールを使いこなせるようになっても、気がつかないうちに間違いをおかす可能性があるからだ。

客観的だと思っていた情報が、実は当事者の都合の良いように歪曲されていたり、そもそもの目的が、ある部署や部門にとっての部分最適な目的でしかなかったりといったように……。これらに気がつかないで意思決定をしてしまうと、とんでもない失敗をしてしまうかもしれない。

何も考えずに感覚的に意思決定をして、間違ってしまったというのであれば、まだ反省できる（もちろん、反省だけではすまない事態に陥ってしまうこともあるが）。しかし、意思決定の手法を駆使して、ロジカルで成功確率が高い選択をしたはずが、実は直感的な意思決定と同じだったとしたら、これはとても悔しいこと。そんな失敗を避けるためには、ロジカルな意思決定に限界があることを認識して、それらの裏で大きな影響を与えている「無意識のワナ」を理解することが不可欠だ。

次に、無意識のワナにはどんな種類があって、どのような内容で影響をあたえるのかを把握することが重要になる。せっかく身につけたシンプルでクリアに意思決定をする手法を宝の持ち腐れにしないためにも、人間の性《さが》について、ちゃんと理解しておくことも大切なのだ。

それでは、具体的にどんな無意識のワナがあるのか、まずは簡単に触れておこう。

■「無意識のワナ」の11の項目

①視点が変わると評価はがらりと変わる（contrast effect）

立場が変わると、意思決定項目がまったく違ってみえてしまうことがある。例えば、同じ店舗開発に関する案件でも、売上の目標に追われる営業部と、投資経済性をマネジメントする財務部では、見え方が相当違うはずだ。

ここでは、立場の違う意思決定者が意思決定のプロセスに参加している場合、どのようにして視点のズレを調整したらよいのか紹介する。

②慣れは怖いものだ（adaptation）

人間は環境適応能力が高い生き物だ。どんなに辛いことや楽しいことがあっても、しばらく時間がたつとそれが当たり前になって、次のアクションを起こす必要性を感じにくくなってしまう。

意思決定の根幹には、問題解決のために行動を起こすという姿勢が存在するのだが、〝慣れ〟がそのメンタリティーを停止させてしまうことがあるのだ。この項では、慣れてしまった目の前の状況をまた客観的にとらえ直して、問題解決への意欲をとりもどす方法を解説したい。

③最初と最後の印象は強い（primacy effect / recency effect）

さまざまなコンテストをみていると、最初か最後の候補者が大賞を手にする傾向がある。これも人間が物事を認識するときに出る傾向のひとつだ。

客観的なデータや情報をもとに、ロジカルにプロセスを踏むのが重要なのはこれまでも説明しているが、肝心なデータや情報が与える印象の強さにバラつきがあるようでは、誤った意思決定をしてしまう。

この認識の傾向と、その対策については、具体例を使いながら考えてみたい。

④代表例だけで意思決定をするのは危険（representative heuristic）

有識者が言った意見や自分の友人の数人が同じことをいうのを耳にすると、まるでそれが世の中全体を表しているような気持ちになる（子供が、友達の一人が持っているおもちゃについて「みんなこれ持ってるから買って」というように）。

代表的な例からあたりをつけることは重要だが、それだけで意思決定をするのは非常に危険だ。成功確率を高めるためには、客観的な情報が必要だということを、あらためて認識したい。

⑤分かりやすいものだけで判断するのが人間の性（evaluability）

人間には、身近な情報をもとに意思決定をすることに加え、分かりやすい情報だけで意思決定をする傾向がある。例えば、売上予測のような数字は理解しやすいが、経営戦略のような定性的な内容を判断するのは難しいように。

理解しにくい内容に触れるのを避けて一方的な意思決定にならないように、いくつか例を紹介しながら、解説していく。

⑥勝手に思い込んでしまわないように（confirmation bias）

ある人に「嫌な奴」だという偏見を持ちながら接していると、その人の行動で気に入らないことを目にするたびに、どんどん「嫌な奴」という印象が強まっていく。一方で「いい人」だと思ってつき合っている相手では、まったく逆のことが起こる。

偏見や思い込みは誰にでもあるが、その度合いが強すぎると、「確認」というプロセスが過剰に機能して、客観的な判断が停止してしまうのだ。つまらない偏見で意思決定を誤ってしまうことが得策ではないということを説いていく。

⑦幻想の因果関係には要注意（illusion of correlation / causation）

２-４-６というように、人間はある数字の配列を目にすると、無意識にその因果関係を類推してしまう傾向がある。例えばこの傾向を、本来まったくランダムな動きをする不確定要素にあてはめてしまうと、次に起こることを勝手に決めつけて、大きな賭けをしてしまいがちだ。

危険な幻想の因果関係が引き起こすリスクに足を取られないように、どんなことを意識したらよいのか考えていく。

⑧無意識の自信過剰が判断ミスのもと（overconfidence）

どんなに理性的に判断したとしても、やはり上手くいってほしいという気持ちが強くなるのは当然の話だ。

その結果として、不確定要素の振れ方をついつい自分に都合が良いように甘めに見積もってしまったりするのだ。そして、不確定要素が予測と違った方向に振れたときに、慌てふためくことになる。

無意識の自信過剰は、実際にコントロールできるようになることがとても重要だ。

ここでは定量的な話を交えながら、いくつかのティップスを紹介する。

⑨結果を重視しすぎると大事なものを見落とす（outcome bias）

意思決定した内容には、必ず結果が伴う。その結果を評価したうえで、次の意思決定について再度プロセスを踏んでいくことになるのだが、結果に一喜一憂しすぎると、肝心なことを見逃して、次の意思決定を鈍らせてしまうことがある。

これまでにも解説したように、不確定要素の振れ方次第では、そのときには最善の意思決定をしていても、結果として失敗してしまうことだってあり得るのだ。ここでは、誤った結果の評価をしないための方法をじっくりと解説したい。

⑩サンクコストは判断材料から外す（sunk cost）

すでに起こってしまったことを嘆いたところで、事態は何も変わらない。必要なのは、次のアクションを起こして巻き返しを図ること。そのような状況では、もはやどうにもできないことについて検討材料から外すという、サンクコストの考え方がとても役に立つ。

サンクコストという概念を具体的にどう応用すれば、正しい意思決定をすることができるのか考察してみたい。

⑪過去の経験に引きずられすぎない（status quo bias / snake bite effect）

過去に大きな失敗をした経験がある場合、同じ状況に直面するとそれだけで精神的に萎縮してしまう。

同様に過去の成功体験にも、ついつい影響されてしまうのも人間の性である。これらを打破するためには、意思決定に取り組む基本的な姿勢が非常に重要になる。

過去に引きずられることなく、未来に向けて意思決定をするという、当たり前の姿勢を強く持つことが大切だ。第3章の結びとして、ぜひともこの点を強調したい。

Case Study

新商品の発売プロジェクトについて社内検討を行っている。かなりの売上を期待できる、救世主的な商品になりそうだ。

一方で、販売資金の回収方法や配送方法、生産工程などを大きく変更することになり、営業の現場に多くの販売員を新たに採用することも必要だ。関係する各部門からも、いろいろな反対意見が出ている。

あなたが経営陣だとしたら、どう意思決定する？

a 生産ラインからの変更が効率的でないため、プロジェクトを中止する

b 新規の人材採用は予定外なため、プロジェクトを延期する

c “成長”という、会社としての「最優先の目的」を達成するため、何があっても推進する

同じものを見たり聞いても、立場や考え方が違えば、まったく違った反応になる。ある食べ物の匂いで食欲をそそられる人と、吐き気をもよおす人がいるように……。

もちろん、感情的な反応だけを指しているのではない。ニュースの解説や新聞の社説に、その意見に賛同する人と気分を害する人がいるように、情報には10人いれば、10とおりの解釈があり、10とおりの反応があるのだ。

これはコントラスト・エフェクト（contrast effect）と呼ばれる人間の傾向だ。**人はそれぞれ異なる基準をもとに物事を判断したり、情報に反応しているため、評価や態度が違って当たり前**ということだ。

よほど洗脳でもされないかぎり、ある情報に対してまったく同じ反応や評価をすることはあり得ない。同じ意見を持っているように見えても、掘り下げてみると、微妙なところでまったく違ったとらえ方をしていることだってある。

実は、この違いが意思決定にとっては曲者。ある重要な意思決定をするときに、それぞれが別の判断基準で選択肢を評価すれば、いつまでたっても結論に至らない。

コントラスト・エフェクト

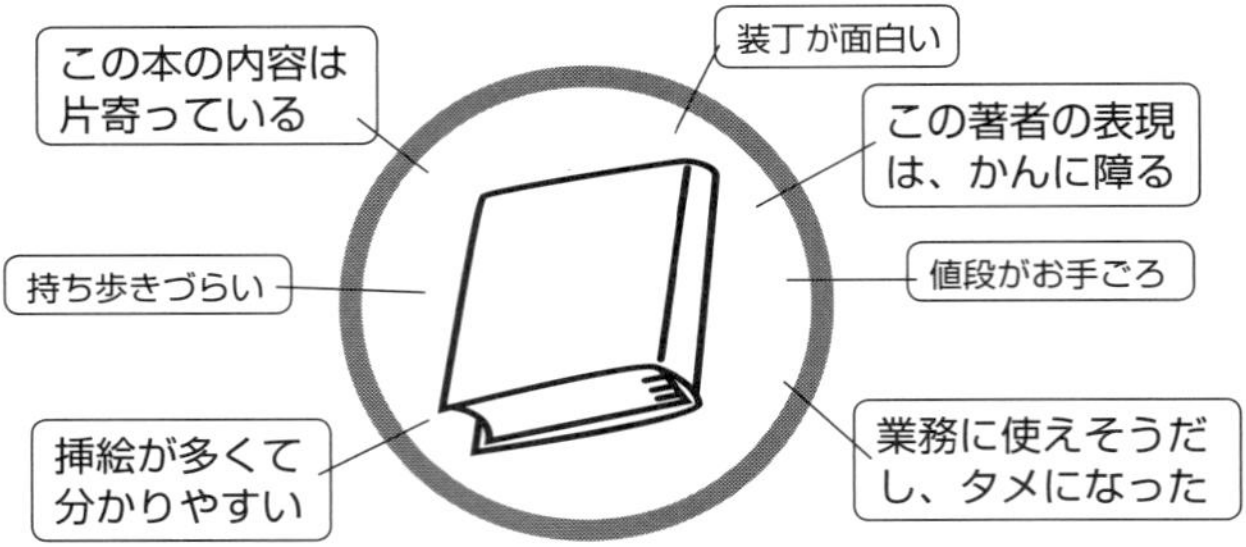
この本の内容は片寄っている
装丁が面白い
この著者の表現は、かんに障る
持ち歩きづらい
値段がお手ごろ
挿絵が多くて分かりやすい
業務に使えそうだし、タメになった

ではなぜ、このコントラスト・エフェクトは起こるのか。

理由は簡単だ。物事を評価したり、反応したりするときの参照ポイント（リファレンス・ポイント）が、人それぞれ異なるため、結果として評価が異なるのだ。

ニュース番組でみるレポーターの意見に対して、ある人は単に生理的な好き嫌いで反対・賛成を決める。またある人は、その人の話すロジカルな構造から良し悪しを判断する。別の人は、自分の意見とは異なる彼の意見に真っ向から反論する。同じように与えられた情報でも、人によって受け取り方は異なるのである。

これは、情報や事象にだけいえることではない。

リファレンス・ポイントからの重なり

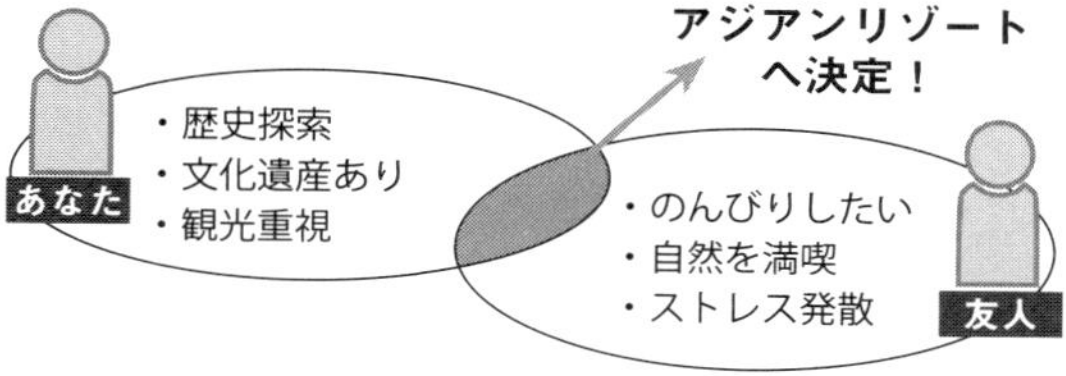
アジアンリゾート
へ決定！
・歴史探索
・文化遺産あり
・観光重視
あなた
・のんびりしたい
・自然を満喫
・ストレス発散
友人

あなたと友達が、一緒に海外旅行に行こうと話し合っている。あなたは旅行先の歴史や文化をめぐり、いろいろと勉強したいと思っている。一方で友達は、とにかくのんびりと普段のストレスを発散したいと思っている。つまり、旅行を評価するうえでの参照ポイントが大きく異なっている。

ヨーロッパ周遊旅行をあなたが提案しても、当然友達はいい顔をしない。一方で南国のリゾート地に行こうといわれても、あなたの目的は満たされない。

しかし数ある選択肢のなかで、あるアジアのリゾート地ならば、興味深い歴史的な遺産が数多くあり、なおかつ、のんびりとリゾート気分に浸れることが分かった。意思決定内容が決まったのだ。

同じように決定に参加するスタッフがそれぞれ異なる評価基準を持っているために、なかなか答えが決まらないというのは、ビジネスシーンではよく見られることだ。

■解説

発売プロジェクトの会議に参加しているのは商品開発部、営業部、生産管理部、財務部、配送部、そして人事部の責任者たちだ。

まず、商品開発部がこの商品の優位性について説明を始めると、各部署から異議が上がった。最近、売上目標の未達が続いている営業部以外、反対意見が続く。

生産管理部は、既存の生産ラインの大幅な変更に異議を唱え、配送部も配送計画の変更は大変だと述べる。さらに運転資金の増加に、財務部もいい答えを出さず、人事部も新規の人材採用は予定外だと主張した。

どの責任者も自分の部門の役割を基準に、このプロジェクトを評価しているので、

視点のズレを調整することが必要

新商品の販売プロジェクトに賛成

◎新しい商品の開発に成功した。しかも素晴らしい商品。ぜひとも発売したい（商品開発部）

◎売る商品が増えることで、営業しやすくなる（営業部）

新商品の販売プロジェクトに反対

◎生産ラインの変更が効率的ではない（生産管理部）

◎配送計画の変更が大変（配送部）

◎運転資金が増加する（財務部）

◎人材採用は予定外（人事部）

そもそもの目的をクリアにして、共有する

“企業として、今後大きく成長すること”が目的意見がまとまらない。たしかに各部門の最適化が目的ならば、それぞれの意見は筋がとおっている。しかし、妥協するのは、最善の意思決定にはならない。ここでは肝心なポイントが抜け落ちてしまっている。

この新商品発売に関する議論を始める前に、いったいこの新商品発売によって、企業のそもそもの目的を満たせるか共有することが大切だ。そのうえで、その目的を達成するために、各部門がどのようなアクションを起こすべきか議論する。

この企業にとって、これから大きく成長できるか、それとも徐々に縮小して長期的に衰退していくのか、今がまさに意思決定のタイミングだとしたら、新商品に対する評価は明確だ。成功確率が高く、将来的な成長を見込める新商品であればGOという決定が正解になる。

次に各部門がこの意思決定されたGOに従って、何をするべきかを考えるのが、ここでの流れになるはずだ。

今回のケースでは、各部門を統括する責任者がリーダーシップをとり、意思決定をまとめあげることが大切だ。その役割を引き受ける者は、社内での権限が必要に

Case Studyの解答

a	生産ラインからの変更が効率的でないため、プロジェクトを中止する	×
b	新規の人材採用は予定外なため、プロジェクトを延期する	×
c	“成長”という、会社としての「最優先の目的」を達成するため、何があっても推進する	○

なり、しかも意思決定の目的と構造を明確に把握して、強い態度で自分の立ち位置を示すことが必要になる。

逆に、各部門の意見に耳を傾けて、彼らの間で合意できるように努めても、それぞれの利害が一致していない以上、堂々巡りの議論が繰り返されるだけ。

各部門の利害が完全一致することは現実的にはあり得ない。しかし、それはその企業にとって、そもそもの目的を達成するためには避けて通れない道なのだ。視点のズレを調整するというのはまさにこのことだ。意思決定した内容が、けっして全員にとって予定調和的に、合意された内容にはならないことを理解しておこう。

慣れは怖いものだ

Case Study

ある商品の販売促進キャンペーンの企画担当になった。これまでのキャンペーンは、販売店に対して、売上に応じた販売奨励金を与えることで売上増を狙うやり方で、店頭での売り方は、販売店に任せていた。

一方で、競合他社は最近、この販売奨励金を減らして、その分店頭での販売をサポートする方向に転換している様子だ。

これまで成功を収めてきたので、特別にやり方を変える必要性を誰も感じてはいない。さあ、あなたの企業は一体どうすべきか？

a 顧客アンケートを実施し、見直すべきか検討する

b 競合他社に追随するため、販売奨励金は即時に廃止する

c これまで効果があった制度なので、踏襲する

宝くじの一等に当たって賞金を手にできたら、その喜びは言葉ではいい表せないほどのものだろう。もし、会社を突然クビになって失業してしまったら、どれだけ悲痛でやるせない思いをすることだろう。

かたや人生最良の日を迎えた者と、茫然自失で途方に暮れる者。この２人の感じている喜びと悲しみには雲泥の差がある。

しかし人間のものの感じ方はここで終わらないのが面白い。半年後に宝くじに当たった人と、会社をクビになった人に、今の気分や生活に対する満足度を聞いてみると、実はあまり大差がないのだ。

このような意識の変化に関する調査はこれまでに幾度も行われている。素晴らしい経験をした人も悲痛な経験をした人も、ある一定の時間が経過すると同じような気分に落ち着くという、とても興味深い結果だ。これが、適応（adaptation）といわれる人間の傾向。**時間の経過とともに、自分が置かれている環境に適応してしまうという能力である。**

普段、あまり自分では意識することはないが、誰でも思い当たることがあるだろ

人間の適応力はとても高い…

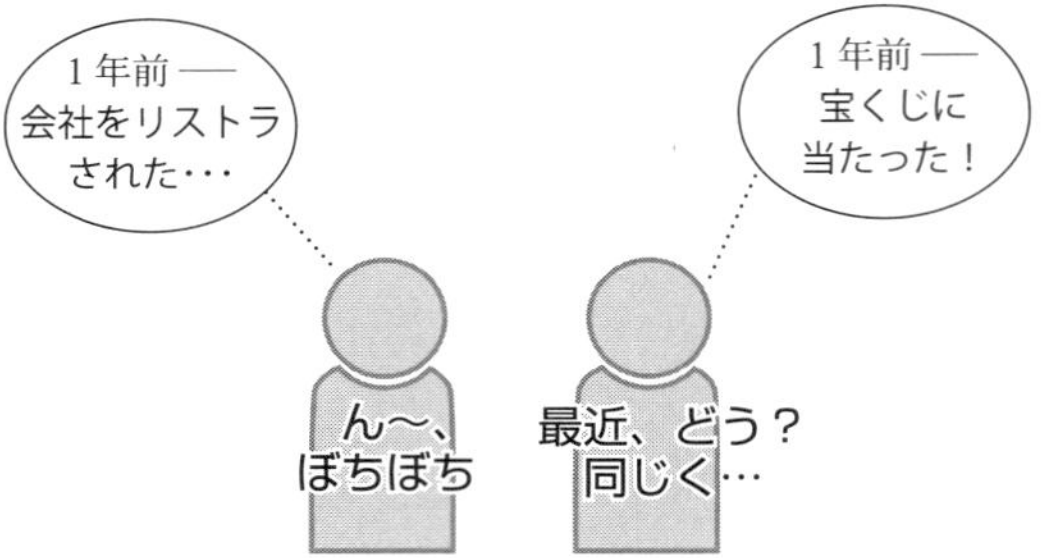
1年前――
会社をリストラ
された・・・
1年前――
宝くじに
当たった！
最近、どう？
ん～、
ぼちぼち
同じく…

う。最初はとても違和感を覚えたことが、そのうち当たり前になってしまったり、とてもうれしかった物事に関して、だんだん何も感じなくなってしまったり……。

転職して新しい会社に初出社した日。業務や仕事の進め方について説明を受ける。すると、その仲間が説明すること一つひとつに、さまざまな違和感を覚えるものだ。

なぜそのような手順で仕事を進めなければならないのか。どうしてこの会社では、非効率で分かりにくい社内レポートが標準的に使われているのか。上司や部下とのコミュニケーションなど、いちいち違和感を覚えるはずだ。

同じ会議の長さでも……

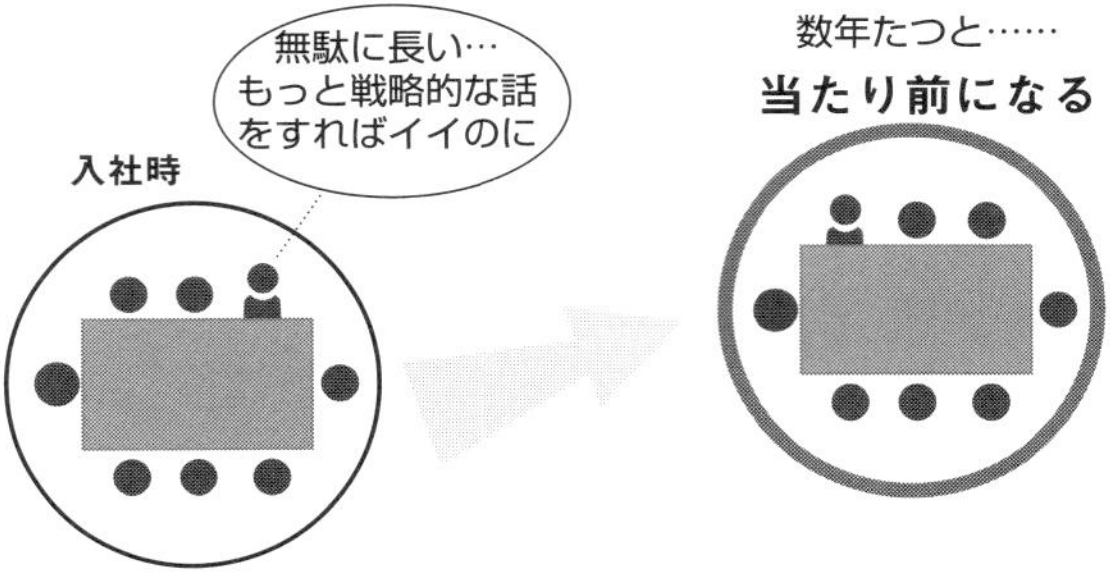
無駄に長い…
もっと戦略的な話
をすればイイのに
入社時
数年たつと……
当たり前になる

しかし、どんなに強烈な違和感を当初覚えたとしても、日がたつにつれ、だんだんそのやり方に慣れてくる。そしていつのまにか、入社当初の疑問すら忘れてしまう。極端な話、絶対におかしいと思ったことでも、気がつくと当たり前になっていたりするのだ。

転職して日が浅い彼は、その会社の、だらだらと順番に説明をするだけの会議の進め方を、時間の無駄だと思う。しかし、そのやり方について特に問題提起をすることなく、数カ月という時間がたってしまうと、その報告会に、何も疑問を感じなくなっていく。

借金まみれになった人に話を聞くと、最初に借金をしたときはひどく抵抗感があったものの、数回繰り返すと、いつのまにか抵抗感がなくなり、気づくと、とても返済できないほどの金額に陥っているそうだ。

慣れとは怖いものだ。人間が進化する過程で身につけてきたこの素晴らしい適応能力も、気をつけてコントロールしないと、危険な諸刃の剣になってしまう。慣れることと自体に問題があるわけではない。だが、いざ行動を起こさなければならないときに、この〝慣れ〟という適応能力が障害になることを認識しておく必要があるだろう。

慣れを打ち破るには、絶えず外から刺激を受ける必要がある。自分の内にこもってばかりいては、次に何をしたらよいのかがみえてこない。異業界で活躍している友人と会ったり、同業界で結果を出している他社の先輩からアドバイスをもらったりと、自分がこれからどんなビジネスマンになりたいのか「ゼロから考える」ことをしないかぎりは、この強力な慣れの力から逃れることは難しい。

慣れを打破して、正しい意思決定をする

目的と手段を明確にする

どうしたら成功するのかを、毎回ゼロベースで考え直してみる

◎顧客のニーズは何か？
◎どうやったらニーズを満たせるのか？
◎そのうえで、過去の成功例が使えるのかを考える

成功確率を高められる

単に、これまでのやり方を踏襲

過去に成功した方法を、単に繰り返すことから発想がスタート

◎販売奨励金を使ったキャンペーンは、これまでも成功してきた
◎今回もこれで行こう

失敗する可能性が高い

■解説

今までは、報奨金を出すキャンペーンで目標売上が達成できていた。

一方で他社の動向をみると、各店舗でのディスプレーや商品の陳列方法などについて細かなアドバイスを出すなど、実際の販売現場に注力しだしている。たしかに、こちらの方法のほうが、商品の販売促進キャンペーンとしては理にかなっている。

これまで疑問に思わずに行ってきたキャンペーンが、本当に店頭で商品を手にする顧客のニーズを満たしているのか、実はよく分かっていない。となれば、顧客の立場から考えたキャンペーンを企画し、そして今まで以上に商品の購買力を高めるために、仕組み自体を見直してみるというのも大切だろう。

顧客アンケートで、どんなニーズがあるのかをゼロから洗い直すことは悪くない。そのうえで、今までのキャンペーンが正しいと分かれば、これまでの路線を踏襲すればよいし、問題点が明らかになれば、より効果的なキャンペーンを考えればよい。

他社のキャンペーンを模倣する必要もない。顧客のニーズに即したアイデアと、これまでの販売店支援のアイデアを組み合わせて、新しい企画を練り上げることが

Case Studyの解答

a	顧客アンケートを実施し、見直すべきか検討する	△
b	競合他社に追随するため、販売奨励金は即時に廃止する	×
c	これまで効果があった制度なので、踏襲する	×

有益になる。

慣れを打破して正しい意思決定をするためには、これまで慣れてしまった方法を安易に踏襲するのではなく、目的と手段をあらためて明確にしたうえで、再度ゼロベースで物事を考えてみることが必要だ。

そのためには、前半に繰り返し紹介してきた意思決定の基本手法が使える。すなわち、そもそもの目的を明らかにして、そのためにいったい何をしたらよいのかを考え、具体的な選択肢をいくつか考えてみるということだ。そのうえで、それらを評価基準に照らし合わせて評価・比較し、最善の選択肢を選ぶ。

これまでの、そこそこ成功してきた方法について「これは間違いだ」と短絡的に否定しても意味がない。何かしらの理由があって成功してきたのだ。

それよりも、もっと効率的に販売を促進できるのではないか、利益を生み出す方法があるのではないかと、問題意識を持つことが重要。現時点では、単に気がついていないだけかもしれないのだ。

この〝適応〟という人間の無意識の傾向が、もっと深刻な事態を引き起こすこともある。倒産寸前に追い込まれ、とにかく何かしらの打開策が必要な局面で、結局何もしないという話だ。この点については、後半の現状維持バイアスの項に、より詳細な解説を譲ることにしよう。

最初と最後の印象は強い

Case Study

人事担当のあなたは、新規プロジェクト立ち上げに向けて、社内・外の人材５人と面接を行った。

最初の候補者Ａさんは別業界出身で大きなプロジェクトの経験もあり、強い印象を受けた。次のＢさん、Ｃさんは社内の候補者だったためか印象が薄く、次のＤさんも社外候補だったにも関わらず、インパクトに欠けた。５人目のＥさんは、前者３名と実績や性格に大差はなかったが、最後の面接者ということもあり、大変に盛り上がった。

５人の候補者を比較・評価する方法として、次の３つの選択肢のうち、どれが正しいか？

a 最後に面接したＥさんは、候補者から外す

b 最初に面接したＡさんを、候補者から外す

c 最初と最後の２人に対する印象を補正して、５人を比較する

さんざん考えて打ち出したアイデアに今ひとつ反応が悪い、煮つまり気味の会議。ふと、最後に誰かが口にしたアイデアが、アッというまに採用されてしまった。あるいは、最初のアイデアが頭のなかに残って、それ以降のアイデアを、最初のと比較でしか評価できなくなる。そんな経験はないだろうか。

さまざまなコンテストなどでも、最初と最後に登場した者が、一番と次点になることもよく目にする光景だ。

これは、最初効果（primacy effect）と、最後効果（recency effect）といわれる。**人間が無意識のうちに、最初と最後の印象をほかよりも強く持ってしまう**という傾向だ。

これを利用して、とにかくビジネスでは、第一印象が大切だと説く処世術の本もあるし、会議では最後まで粘って、会議が迷走したタイミングで、ズバッと意見を切り出すのがよいと説く会議術なども ある。

この傾向は意思決定にどのような影響を与えるのか。

それぞれの選択肢について、論理的に評価をしているつもりでも、実は最初と最

最初と最後の印象は強い

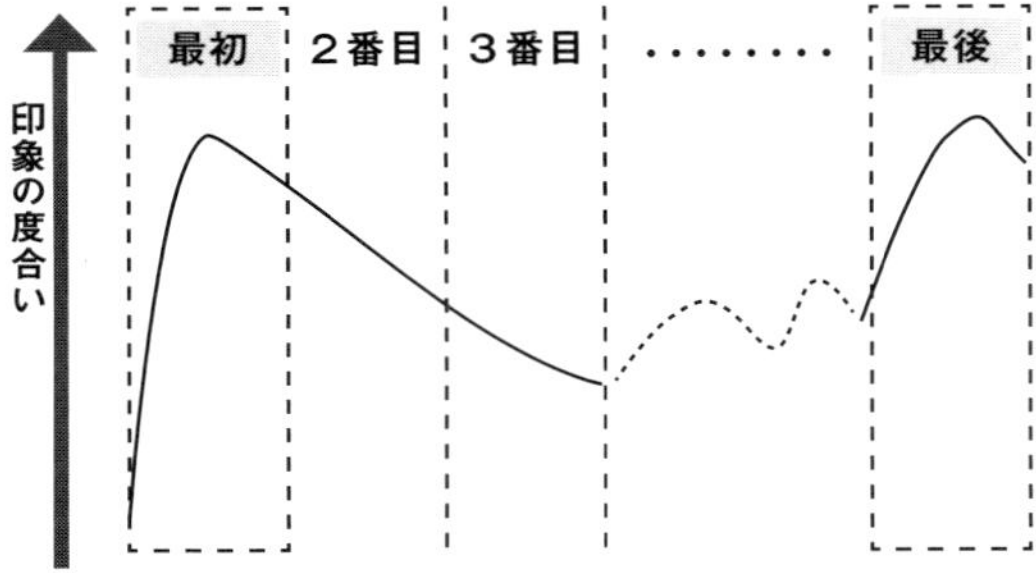

後の選択肢についての評価が必要以上に甘くなっていたり、逆に厳しくなったりするのだ。

例えば会議の中で「商品性能を上げて売上を伸ばそう」という議論が繰り返されたものの、結局答えが出ずに煮詰まる。そこに誰かが突如値下げするという選択肢を新たに口にすると、視点がズレたことで参加者の頭はリフレッシュされ、心理的に大きなインパクトを与える。

もしも値下げという選択肢が、そもそもの目的を達成できる最低限の要件を満たしていれば、一気にこの選択肢が選ばれてしまう可能性は高い。

こういった意思決定のプロセスは、間違ってもブレークスルーではない。単なる無意識に翻弄された、ロジカルでない決定だ。

値下げという選択肢をしっかりと評価基準に照らし合わせて、すでに出たいくつかの選択肢と比較する必要がある。そこで、採用に至らなければ最善の解決策ではないのだ。

最初と最後に強い印象が残ってしまうのは、仕方がない。それを理解したうえで、誤った意思決定をしないように冷静になり、最初と最後の印象が歪んでいないかチェックすれば、間違いは相当減らせるはずだ。

■解説

さて今回の事例は、少々極端だが、最初と最後の人材の印象が強く残ってしまうのは、ある程度は仕方がない。

最初の候補者Aさんは、異業界でのビッグプロジェクトの経験について生き生きと語っていた。とても自信に満ちたハキハキした対応で、強烈な第一印象を持ってしまった。しかしAさんの面接は一人目ということもあり、少々緊張気味だったこ

最初効果と最後効果

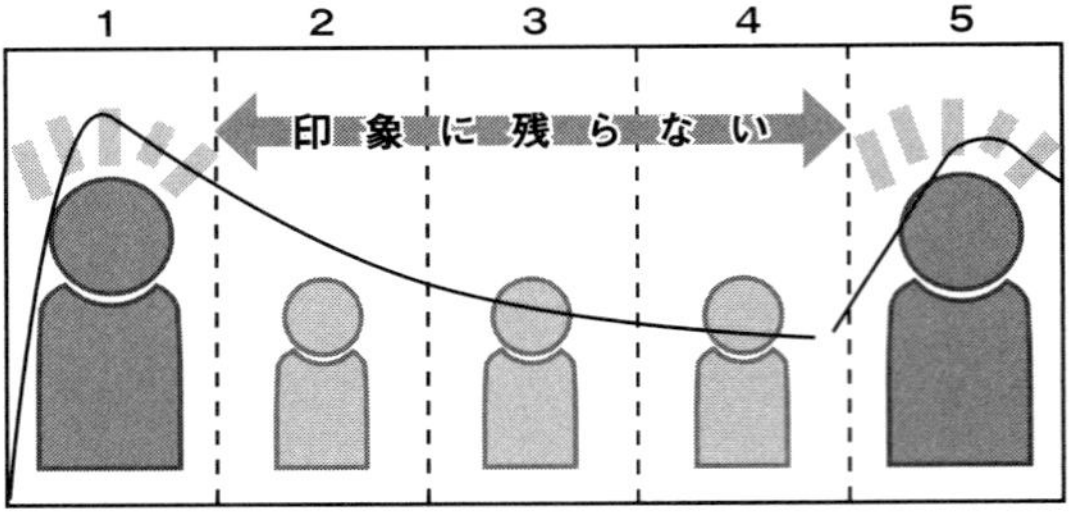

ともあって、とても強く印象に残ったのかもしれない。

次にBさん、Cさんと続く。2人とも社内のプロジェクトを成功に導いたという素晴らしい実績がいくつもあり、人間的にも問題がない。しかし、回数を重ねるうちにあなたの緊張が解けたこともあり、最初の候補者であるAさんほどの強い印象を感じなかった。特に、Cさんは、Bさんと社内での経歴が似ていたせいか、ほとんど印象に残らなかった。

4番目の候補者Dさん。実績は申し分ないし、リーダーシップもありそうだ。しかし、はっきりした理由は分からないのだが、どうにもインパクトに欠けているように感じるのだ。また、4人目

全体を冷静に評価する必要がある

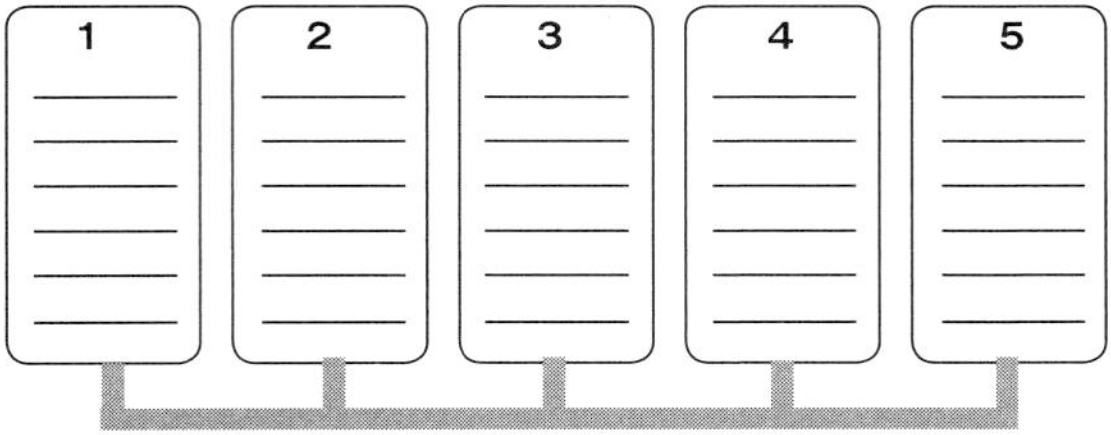

一度冷静になってから、再度評価をし直すことが大切
◎客観的な評価基準に照らし合わせて、評価を修正

となると、面接自体になかだるみ感が出てきてるのも、否定できない。かなり惰性で機械的にインタビューをしてしまっている自分に気がつき、これではいけないと気を引き締めた。

最初の候補者の印象が頭のなかにとどまり、以降の候補者の評価に強く影響した。そして、さらに、最後の候補者だと思ったとたんに、必要以上にモチベーションが高まって、また強い印象を持ってしまった。

この「順番に影響される印象の強弱」を調整するためには、それぞれの評価を記録に残すのはもちろんのこと、最後に5人分の評価を見比べて、最初と最後の人材が他と比べて必要以上に過大評

Case Studyの解答

a	最後に面接したＥさんは、候補者から外す	×
b	最初に面接したＡさんを、候補者から外す	×
c	最初と最後の２人に対する印象を補正して、５人を比較する	○

価されていないか、チェックすることが必要になる。

このケースであれば、明らかに最初の候補者Aさんと、最後の候補者Eさんは過大評価をされている。だからといって、過大評価を理由に候補者から外すというのも性急すぎる。各人の評価シートを見直して、冷静な判断を行うのだ。そのためには、全員のインタビューが終わってから、少し時間を置いてみてもよいだろう。

必要以上に高まった感情をいったん冷ましてから、再度評価基準に照らし合わせて、採点を調整する。その結果として、一度つけた点数を見直すことになったとしても、それ自体は問題ない。逆に、無意識のうちに歪んだ評価をして、それをもとにして意思決定をしてしまうことのほうが問題なのだ。

Case Study

支店に顧客から強烈なクレームが入った。

「おたくのAという商品の色が気にくわないから変えるべきだ。この色は見ているだけで、ムカムカする！」

その話が本社の商品開発部に届くころには、いつのまにかたった一人の意見が、顧客全体の意見にすりかわってしまい、「お客さんはみんな、商品Aの色が気に入らないと言っている」という話になっていた。

担当者がとるべき今後の対応として、適切なのはどれか？

a すぐに商品の色を変更するよう、商品開発部で協議する

b 根拠のない単なるクレームとして無視する

c 一人の意見なのか、多くの顧客の意見なのかを調査する

子供の頃、友達が持っているおもちゃが欲しくて、親に「みんな、そのおもちゃを持っているから、僕にも買って！」とねだったことがあるだろう。もちろん、友達全員がそのおもちゃを持っているわけではない……。

大人になってからも、同じような経験はあるはずだ。起業した友人が何人かいると、「みんな独立してるし、僕も自分で食っていく道を考えないと」といった気分になって、その手の本を買いあさる。実際に、ビジネスマンの何パーセントが独立しているかという数字を押さえることなく、周りの友人がまるで世の中全体を代表しているような錯覚にとらわれてしまう。

ある有名な専門家が、突飛な意見を口にしている。聞いているうちに、「彼の言うことはもっともだ。今の時勢は間違っている！」と、なんとなく影響されてしまう。強烈な個性の持ち主が声高らかに述べていたりすると、すっかりその意見に感化される。

自分の周りで起こっている事柄や、専門家がもっともらしく述べる意見は、世の中すべてを表しているような気分になる。意思決定論では、この傾向のことを代表

昔からねだるときは……

例効果（representative heuristic）と呼ぶ。

普段意識しない、この心理的効果は、思わぬところで強力に人間に影響を与える。アメリカに、「きしむホイールは油をさしてもらえる」ということわざがあるように、うるさく主張すると、その意見がとおってしまうことがある。日本でも、「声のでかい奴が勝つ」といった言い方をするように、インパクトのある強い意見はとおりやすいのだ。

裏を返せばサイレント・マジョリティー（沈黙の大多数）の意見は、気がつかないうちに無視されてしまうことが多いのだ。本来であれば最も参考にしなくてはいけない大勢の意見が、一部の意見に駆逐されてしまう。

何やかんやと主張したもの勝ち…

昔から
ウチの商品はこの
やり方でやって
いるんだ！
今回の商品に対
するターゲット
を考えると…

どんなに正しいプロセスを踏んだとしても、スタート地点である意思決定の材料が歪んでいては、まともな決定はできない。

今回解説する代表例は、この歪みを生み出す原因のひとつだ。現実を無視して、一部の代表例をもとに意思決定をしては、導かれた結論自体が歪んでしまう。

個性が強く声の大きい経営幹部が、その場の思いつきだけで発言したり、その道何十年というベテランが、「これまでの経験から考えて、新商品はこうあるべきだ」と述べたりすると、サラリーマンの悲しい宿命で、客観的な分析に基づいていなくとも、それらの意見をベースに、意思決定せざるをえない状況になったりする。

誤解を避けるためにあらかじめいっておくが、代表例から判断すること自体に問題があるわけではない。

極端な代表例にも存在価値はあるし、それが重要な示唆を与えてくれる場合もある。問題はその検証作業だ。何も考えずに、代表例だけを材料にして意思決定をしてはならないということだ。

■解説

今回の顧客クレームでは、その意見の客観性を調べてみる必要がある。

そのクレームの真因は商品ではなく、店頭での対応に不満があって、いいがかりをつけたのかもしれない。また、実は彼の意見がサイレント・マジョリティーを代表している場合だってありえる。それを極端な意見だとして無視しては、せっかくの気づきのキッカケが失われてしまう。

クレームの背景を見逃さない

意見
この商品のここが使いづらい
↓
改善してほしい
商品が気に入らない！
不満
購入時の販売員の態度が気に入らない
↓
この商品が悪いんだ！

このクレームがロジカルに考えて、もっともなのか。そして、もしもロジカルでありうる話であれば、顧客アンケートで検証してみる価値がある。それにより、これまで出てこなかった問題が浮き彫りになって、新たな決定事項がみえてくるのだ。

もしも彼がいうように、商品Aの色が本当に顧客に受け入れられていないとしても、こういったクレームが出ないかぎり、売上が落ちるまで何も気がつかないことだってある。

新商品開発であれば、出された意見が本当に顧客の全体像を代表的に反映しているのか、検討すべきだ。新商品のターゲット層が30歳代の男性なのに、50歳代の社内エキスパートの極端な意見を

Case Studyの解答

a すぐに商品の色を変更するよう、商品開発部で協議する ×

b 根拠のない単なるクレームとして無視する △

c 一人の意見なのか、多くの顧客の意見なのかを調査する ○

反映させれば、商品の戦略がずれることは十分にありうる。

強いインパクトを持った代表例や意見は、それがどれだけ全体像を表しているのか数字を使って、検討しよう。もしも、数値化が困難でも、最低でもロジックを駆使して、そのもっともらしさを検証することが不可欠だ。この作業なしに安易に代表例から意思決定をすることは、誤った方向に突き進んでしまう、とても危険なことだ。

もしも代表例が的外れならば、矛盾が生じるはず。しかしその代表例が、全体を反映していることが検証できれば、それをベースに再度目的をクリアに整理し、対策を考えればよい。対策の選択肢をいくつか考え、それらを評価して最善の選択肢を選び出して、すぐにアクションを起こす。

極端な意見や一見代表例にみえるものは、大半はどうにもならないものだが、一部には重要な示唆を含んでいる場合がある。もしも、その示唆をえぐり出して、次に進むべき方向を決められるのであれば、意思決定のサイクルを格段にスピードアップさせることができるのも事実だ。

Case Study

ある企業が今後のマーケティング戦略について２つの案を検討している。

ひとつめの案は、これまでの手法を踏襲したもの。過去の実績という累積経験があり、さまざまな数字を使ってシミュレーションを描くことが可能だ。

２つめの案は、今この企業が置かれている現状を打破する、まったく新しいマーケティング。新ブランドや戦略を導入するうえでは必要なのだが、新しいアイデアなので、さまざまな数字でシミュレーションすることができず、定性的な情報でしか説明できない。

どちらの案を採用するか決定するために、この２案を「分かりやすさ」と、「成功する確率」の２つの評価基準を使って比較してみよ。

▼

分かりやすさ

成功する確率

あなたは人事部の採用担当で、今2人の応募書類を眺めている。一人は、有名大学を優秀な成績で卒業し、社会人になってからの実績も悪くない。採用部門の要件にも合っている。

もう一人も、これまでの業務経験や実績から判断すると、なかなかの人材で、入社後すぐに結果を出してくれそうだ。しかし、出身大学が今ひとつなのだ。

2人の履歴書を見比べながら、結局、有名大学出身の応募者に面接の通知をした。決め手は出身大学。とても分かりやすい判断基準で、意思決定をしてしまった。

本来であれば、双方の候補者と会い、履歴書だけでは伝わらない生の業務経験から、両候補者の能力や、社内の部門が求めている要件とのフィットを検証しなければならないのに。

もう一例考えてみよう。

あなたは今、お見合い写真と相手のプロフィールを眺めている。そこには相手の容姿や出身校、勤務先と年収といった情報が記載されている。評価基準は人によってさまざまだろうが、お見合いをするために用意された情報は、とても分かりやす

分かりやすい情報は過去を示してくれる

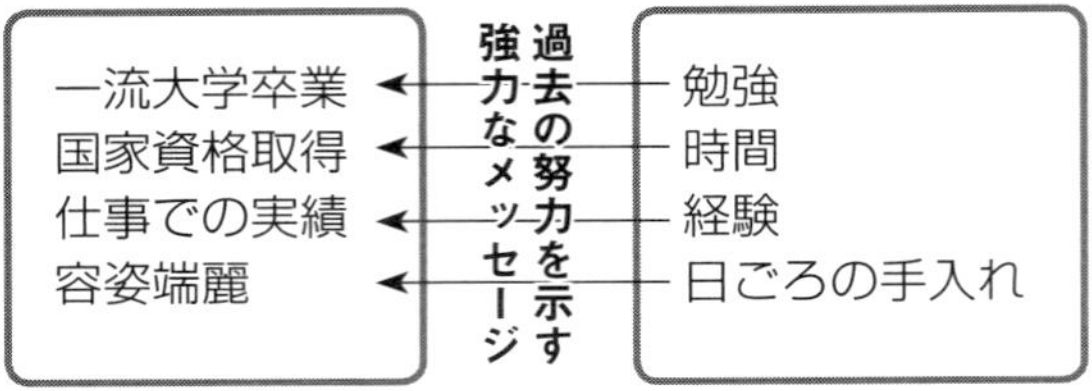
一流大学卒業
国家資格取得
仕事での実績
容姿端麗
過去の努力を示す
強力なメッセージ
勉強
時間
経験
日ごろの手入れ

い内容だ。ただ当たり前のことだが、相手の持つ雰囲気や考え方、あなたとの相性などは記載されていない。よって、まずは分かりやすい情報だけで、相手を判断することになる。

さて、この採用とお見合いの例からも分かるように、**人間には分かりやすいものを基準にして、物事を決めてしまう**傾向がある。

これは意思決定の世界では、評価のしやすさ（evaluability）と呼ばれ、歪んだ決定をさせる力を持った、やっかいな傾向のひとつだ。ある品物を購入するとき、まずはブランドや生産地を確認してしまうといったことだ。

もちろん、この傾向自体に問題があるわけではない。分かりやすい情報は、それだけクリアに伝

評価のしやすさだけで判断してよいのか

すぐには分からないもの
・仕事を遂行する能力
・考え方
・性格
・相性
パッとみて分かりやすいもの
・学歴
・勤務している企業
・容姿
・年収

わる強力なメッセージなのだから。

学歴や勤務先は、やはり核心的な内容を表しているともいえる。学生時代にそれだけ一生懸命勉強したという事実や、社会人になったあとも、厳しい採用試験を突破できるほどのキャリアを残してきたということ。

しかし、分かりにくい情報についても、評価をしなければならないときがある。分解されたそもそもの目的を、各選択肢がどれくらい満たしているかを評価する。分解された評価基準は、必ずしも分かりやすい情報だけを扱うわけではない。頭を酷使して評価しなければならないことだって多いのだ。

■解説

ひとつめのアイデアは、これまでの手法を踏襲したもの。過去の実績や、マーケティングの効果、利益率の計算など、シミュレーションの結果から大きくは、ぶれないだろう。ただし、その前提になっている販売数量が正しいかは少々怪しい。なぜなら、肝心の売上予測は、あくまで過去の成功体験をもとに出されているだけなのだ。

２つめのアイデアは、数字という分かりやすい情報でのサポートが弱い。新たな案件なので、過去の経験から堅い数字を出すのが難しいのだ。

これからの成長には不可欠なアイデアだけに、今後のポジショニングやブランドの方向性に合ったマーケティングの提案など、定性的に偏っていることは否めない。もちろん、ところどころではきちんとした数値化を行ってはいる。しかし、最初に登場した過去の成功体験ベースのアイデアほど、パッとみて分かりやすい数字ではない。

こういったケースでは、簡単に理解できる最初のアイデアが選ばれてしまうこと

Case Studyの解答

	オプション① 過去のアイデアの焼き直し	オプション② まったく新しいアイデア
分かりやすさ	○ ◎過去の数字をもとにシミュレーションを行っており、定量的に理解しやすい ◎経験的に、成功しそうに思える	△ ◎定性的な戦略なだけに、数値化するのが難しい ◎もちろん、根拠のあるシミュレーションはしている
成功する確率	?～△ ◎過去の成功体験がそのまま、あてはまるか?	? ◎根拠のある戦略が、きちんと構築されているが……

が多い。結果として、これからの会社の方向性を左右する重要な示唆を含んだ2つめのアイデアは闇に葬られてしまう。そして、相変わらずこれまでの延長でしかマーケティング活動を行えないといった、何とも危険な状態に陥ってしまう。

2つめのアイデアの場合、とにかく無理やりロジックを駆使して定量化してしまうというのも手だ。初年度の予想売上が数千万円で、投資の回収期間は3年といった具合に。

しょせんは最初のアイデアだって、100%完全なロジックではない。であれば、まずは2つのアイデアを同じ土俵で戦える内容にしておく。分かりやすい評価基準を満たせるような手はずを整えれば比較の対象になりうる。

意思決定を自分より上のポジションの人間に委ねるときに、最低限保険としてやっておくべきアクションだろう。これだけでも成功確率はかなり上がるはずだ。

分かりやすく、評価しやすい項目だけで選択肢の評価をするのは、単なる好き嫌いだけで意思決定するのと同じ。そんな無責任な決定は避けたいものだ。

勝手に思い込んでしまわないように

Case Study

社内のライバル部門が提案したプロジェクトが開始された。検討段階から詰めの甘いプロジェクトだと思っていたが、意に反して自分のアイデアが却下され、そのプロジェクトが採用された。

論理的なアプローチを行い、成功確率のあるプロジェクトを提案したという自負もある。にも関わらず、事前の巧みな根回しにより、ある経営陣の鶴の一声で決定された。

そんな矢先、そのプロジェクトが出鼻をくじかれた。事前に確認された不確定要素が、思わぬ方向に振れたのだ。早急な意思決定によって軌道修正は可能だ。そのときあなたは、どう対処すべきか？

▼

a 「そもそもこのプロジェクトは間違っている」と主張し、社内でネガティブキャンペーンを展開する

b 本来やるべき改善策の選択肢を考え、関係者へ提示する

ある人を良い人だと思うと、その人のやることなすことすべてが素晴らしくみえてしまう。はためには奇怪に思われる新興宗教が、熱烈な信者を獲得して肥大化していくのを目のあたりにすると、この傾向がいかに強力かがよく分かる。要するに、一度その相手を気に入ってしまうと、黒も白になるということだ。

反面、この人はダメだと思い込んでしまうと、やることなすこと何もかもが気に入らなく思えてしまう。いったん愛情が冷めると、相手の一挙手一投足が気にさわり、「この人のどこに魅力を感じたんだろう」と自分の感覚に疑問を覚える。要するに、相手を否定しているので、そのダメさを証明するようにあら探しばかりをしてしまうのだ。

意思決定論では、この傾向のことを確認バイアス（confirmation bias）と呼ぶ。**ひとたびある強い偏見を持ってしまうと、目の前の事象を自分にとって都合が良いように解釈してしまう**ということだ。

良い印象を持った物事については、その良さを再確認するための事象を、ダメだという偏見を持てば、そのダメさ加減を証明する事実を、無意識に探してしまうと

一度イヤになると、すべてがイヤに？

優しい
ところが素敵
1年前は…
男らしくない
ところがイヤ！
なのに今は……

いう傾向だ。

この確認バイアスは、うまく使えば武器になるので、ビジネスマンとして上手に立ち回っていくため、押さえておきたい。

上司や仲間から、ひとたび優秀な人材だと認められれば、いろいろとチャレンジングな仕事が舞い込むようになり、それだけ成長の機会も広がる。新入社員は最初の3年が勝負だと、昔、先輩からいわれたが、たしかに最初に「この若手は優秀だ」と認められてしまえば、その後は他の同期よりも多くのチャンスがめぐってくる。

その反対のパターンはかなり悲惨だ。「こいつはダメだ」と一度思われてしまうと、その印象を

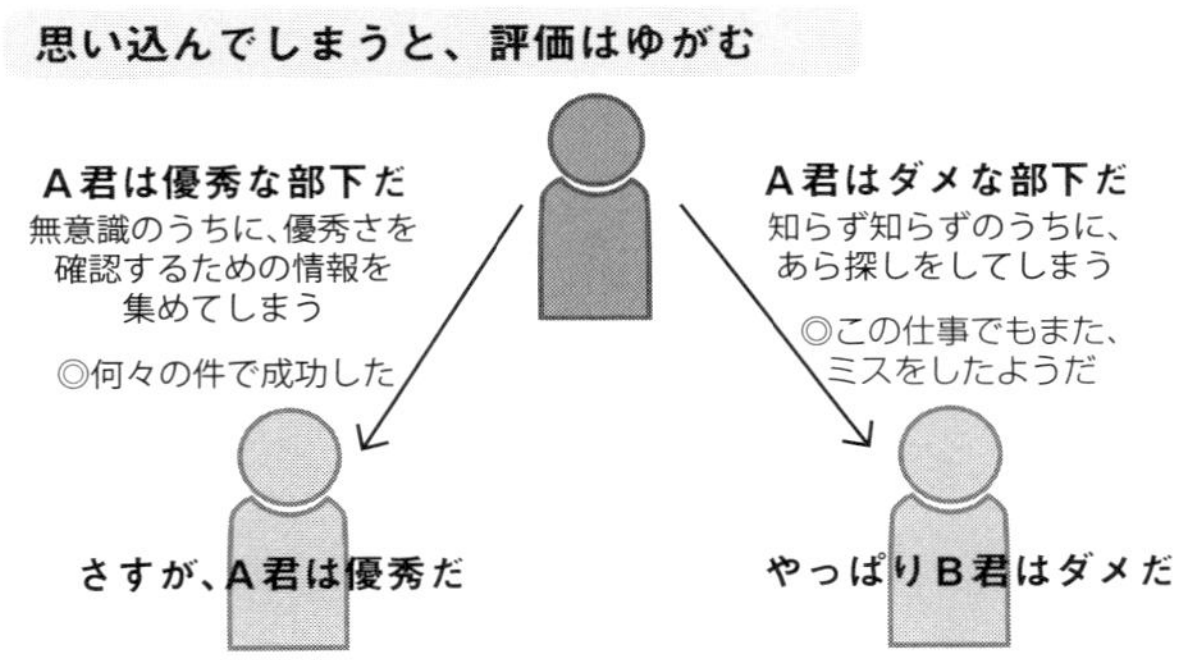
思い込んでしまうと、評価はゆがむ
A君は優秀な部下だ
無意識のうちに、優秀さを確認するための情報を集めてしまう
◎何々の件で成功した
さすが、A君は優秀だ
A君はダメな部下だ
知らず知らずのうちに、あら探しをしてしまう
◎この仕事でもまた、ミスをしたようだ
やっぱりB君はダメだ

払拭することは並大抵の大変さではない。

たとえ素晴らしい成果を出しても、単なるまぐれだと思われてしまう。いや、それ以前に、その良さを評価されないまま、済まされてしまうかもしれない。ダメという烙印をひとたび押されてしまえば、多くのチャンスを奪われてしまうようなものだ。

普段からあまり成績の良くない部下から相談をされたとき、最初の説明を聞いただけで、やっぱりダメなヤツだと思ってしまったときは、無意識に確認バイアスが作用しているのかもしれない。本当は素晴らしいネタがそのなかに埋まっているのかもしれないのに……。優秀な部下の相談もまたしかりである。

また、この確認バイアスは自分自身を窮地に追いこむこともある。例えば、あるプロジェクトで自分のアイデアが採用されたとする。当然、そのプロジェクトには思い入れが強くなり、ちょっとした悪い数字や危険信号は、すべて当初から織り込み済みだと楽観的に考える。

都合の良い事実だけを選び出して、このプロジェクトは成功していると勝手に確認してしまう。これも、確認バイアスそのものである。

■解説

どんなに素晴らしいプロジェクトでも、次の意思決定が遅れて失敗する可能性が高い。どうすれば確認バイアスを上手にコントロールしながら、客観的でロジカルな意思決定のプロセスまで持ち込めるのか。とはいえ、奇策があるわけではない。大切なのは、この確認バイアスに「誰でも無意識のうちに、とらわれている可能性がある」ということを意識して、客観的に目の前の物事と向かい合うという姿勢を

毎回フレッシュな気持ちで物事に向かう

偏見に影響されると、
事実の解釈を曲げてしまう

◎やりたくない仕事の場合、ちょっとした失敗でも騒ぎ立てて潰しにかかる

◎思い入れの強いプロジェクトで、失敗の兆候を示す情報を、都合よく解釈する

↓

毎回、偏見なく
フレッシュな気持ちで対処する

◎スムーズに意思決定ができすぎてしまうときは、要注意！　実は確認バイアスで、解釈がゆがんでいる可能性がある。

もつことだ。

今回の事例では、あなたはライバルにチャンスを奪われ、あまり良い思いはしていない。そもそも最初から、そのプロジェクトは詰めが甘いように思えていた。それなのに、自分の出したアイデアが却下され、そのプロジェクトが採用されたのだから、なおさら乗り気になれない。

それなりにロジカルに考えられてはいるし、そこそこ成功確率のあるプロジェクトであることは、客観的には理解している。しかし、自分の出したアイデアのほうがはるかに優れているという自信がある。多くの関係者もあなたのアイデアに賛同してくれた。ところが、ライバル部門の巧みな根回しが功を奏した結果になった。

そのプロジェクトが開始早々かげりを見せた。当初こうなるだろうと予測を立てていた不確定要素が、思わぬ方向に振れたのだ。しかし、プロジェクト自体の欠陥が露呈したわけではなく、早急な意思決定によって軌道修正は可能である。

あなたは、そのつまずきを目にしながら、「それみたことか」と、そのプロジェ

Case Studyの解答

a	「そもそもこのプロジェクトは間違っている」と主張し、社内でネガティブキャンペーンを展開する	×
b	本来やるべき改善策の選択肢を考え、関係者へ提示する	○

クトの欠陥を並べてしまいたい気分になる。本来やるべき改善策について考えるという肝心なことを忘れて……。

これではビジネスマン失格。まさに悪しき確認バイアスにとらわれて、ダメだという偏見を確認することに注力している。偏見に影響されて事実の解釈を曲げてしまえば、意思決定を根底から歪ませてしまう。さらに歪んだ事実をもとに考えられる選択肢が、正しくなるはずがない。

何かを決断するときに、あまりにスムーズに評価できたとき、また、すっきりと答えが出せてしまったときには、「ちょっとおかしいな」と自ら立ち止まってみることが重要になる。そこには確認バイアスによって、致命的な間違いを見逃してしまっている可能性もあるのだ。

確認バイアスに対処する方法とは、目の前に起こっている事実について鈍感になるということではない。次の意思決定に、向けて冷徹なまでの観察眼を養っておくことだ。

それでもやはりこれまでと同じ欠点や問題点、あるいは素晴らしさなどを認識できるのであれば、それは確認バイアスによって歪んでいない事実だ。一方的な見方ではなく、ロジカルに検討した結果の評価なのだから、もはや歪みは矯正されているはずだ。

Case Study

ある消費財のメーカーが、自社商品の売上減に対策を練っている。これまでは、その商品の増量と値下げをセットにした販売促進キャンペーンを実施し、売上を伸ばすことに成功してきた。

つまり、セットで行うことで、販売店からの引き取りが増えて、結果として実績が上がってきたのだ。ここでは、増量と値下げという組み合わせをすることで、販売が増えるという因果関係があったということは分かる。

では、これまでこのキャンペーンが成功してきた理由を、因果関係をクリアにしながら分解してみよう。

キャンペーンが成功した因果関係は？

あるスポーツチームの監督が、連勝している間は下着を替えないという話を聞いたことがある。またアメリカでは、年初のスーパーボウルの勝敗で、その年の株価が上げ基調になるか、下げ基調になるかが決まるという話が、季節になると連日経済ニュースで熱く議論される。さらには、ストライプのネクタイにダークスーツを組み合わせると、プレゼンテーションがうまくいくなど……。

これらが偶然の産物や、ゲンかつぎ、あるいはジンクスだということは説明するまでもない。

世の中には、実際に因果関係が成立しているか疑わしい物事でも、まるでそれが当たり前の事実のように語られているケースが多い。

意思決定の世界では、一見、因果関係があるようにみえるが、実は何の関係もないことを、幻想の因果関係（illusion of correlation / causation）と呼ぶ。人間は本来、**何の因果関係もない事象について、勝手に原因と結果を結びつけてしまう**習性があるのだ。

そこには、自分にとって好ましい結果を手に入れるために、過去の出来事を都合

何も関係がないはずなのに……

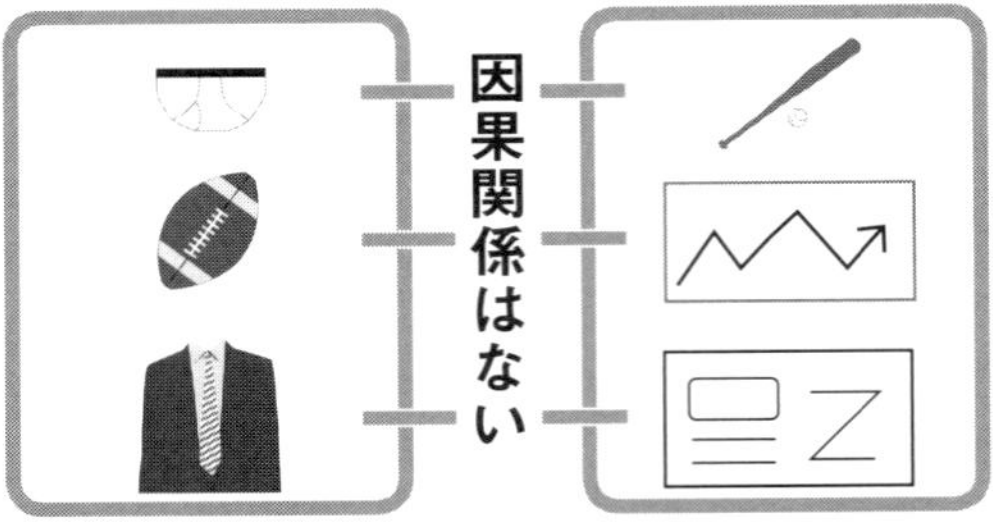

良く解釈する無意識の心理が働いている。一見原因と結果がロジカルに結びついているようにみえたとしても、実は勝手な思い込みでしかないということだ。

過去に何々をしたら成功したという体験が、いつのまにか因果関係があるように誤認され、気がつくと当たり前のこととして、大衆が信じてしまう。

この幻想の因果関係はビジネスの世界にも数多く存在する。

同じ広告を3回みせないと効果が出ないとか、まずは顧客と話を合わせて人間として気に入られないと営業活動はできない、といったようなことだ。

しかし、この因果関係が本当に成立するのかは疑わしい。過去のいくつかの事例から無理やり引き出された、単なる成功実例かもしれない。あるいは、相手に物を売りつけるときに使われる、都合のよいセールストークということもありえるだろう。

よく耳にする一般化された言説や法則のすべてが、幻想の因果関係にとらわれている偽物だというつもりはない。

本項では、日々の仕事のなかで、実は無意識のうちにこの幻想の因果関係に影響されてしまい、間違った判断をしているかも、と問題提起をしたいのだ。

例えば調味料の販売促進をする場合、単なる増量や値下げでは、一時的な売上が増えるだけで、根本的な売上増には結びつかない。

販売促進とは、広く長期的にその商品をエンドカスタマーが消費してくれるように促すこと。短期的な表面上の措置では意味がないのだ。

長期的な戦略が重要

商品を気に入り
継続的な購買に
新レシピ紹介
パッケージ一新
つゆ
値下げ増量
短期的な購買量が
アップするだけ

その調味料を使った料理のレシピを商品のパッケージ上に載せるとか、メディアとタイアップしてその調味料の新しい使い方を紹介するといったアクションが、実際の消費を増やすための販売促進策として有効になる。

本質的な消費を促すアクションを起こせれば、補完的に増量や値下げといった販売促進策は意味を持つだろう。

■解説

さて今回の事例では、「増量と値下げによって、なぜ売上が増えるのか」という因果関係を考えてみる。

つまり、増量と値下げを組み合わせることで、実際にエンドカスタマーの購買が促進されて、結果として販売店の引き取りが増えて売上が伸びているのか、それとも単に販売店が条件のよいタイミングで大量の仕入れをしているだけなのか、を明らかにする必要がある。

これまではたしかにこの単純な「増量&値下げ↓売上増」で成功はしてきた。しかし、今後も必ず成功するとはかぎらない。顧客のニーズが変化して、この商品の需要が落ちたり、競合他社がより顧客のニーズに合った商品をヒットさせて、シェアを奪い取るかもしれない。にも関わらず、販売店の引き取り量が増えているのであれば、この増量&値下げによる出荷量増加のツケは、後から回ってくる。

過去の経験から単純な因果関係を抽出して、それが成功への手段だと決めつければ、どう頑張っても成功するアクションに結びつけることはできない。

もちろん、増量と値下げによって販売店の引き取りが増え、結果としてエンドユーザーの購買が増えることも現実的にはありうる。ただし注意しなければならないのは、こういった因果関係が成立するためにはいくつかの条件が必要になるのだ。

幻想の因果関係に陥って誤った意思決定をしないためには、過去の経験や表面的な事実から一歩踏み込んで、そこにロジカルに納得できる因果関係をえぐり出すことだ。


今回の例であれば「増量&値下げ↓売上増」という単純な図式ではなく、「増量&値下げ↓販売店の引き取り増↓顧客ニーズを満たす店頭キャンペーンの展開↓エンドカスタマーの購買増↓売上増」といった、ロジカルに結びついた因果関係まで把握できれば、意思決定の際に必要な選択肢の候補になりうる。

どれだけ意思決定のプロセスが正しかったとしても、材料としてあがってくるアクション自体がダメなら、結局は失敗してしまうということだ。

Case Studyの解答

あいまいな因果関係の理解

増量&値下げ
↓
売上増

クリアな因果関係の理解

増量&値下げ
↓
販売店の引き取り増
↓
顧客ニーズを満たす
店頭キャンペーンの展開
↓
エンドカスタマーの購買増
↓
売上増

Case Study

あなたの会社は、新技術を使った新しい商品を発売するか意思決定を迫られている。その商品は、あなたの会社がどの競合他社よりも先駆けて実現させた、強みのある技術を取り入れた、これまでに類を見ない新商品である。

久しぶりに他社に先行して新商品が発売できるという事実に、社内はなかば浮き足立つぐらいの熱狂に包まれている。また、新技術の開発に無意識のうちに自信過剰に陥り、強気の販売計画を作ってしまう可能性が高い。

この新商品発売に伴う不確定要素を２つ考え、無意識の自信過剰にブレーキをかけてみよ。

不確定要素①

不確定要素②

意思決定は、不確定要素に影響されるが、不確定要素をうまく意思決定に盛り込んで、成功確率の高い判断をすることが大切だと解説してきた。ロジカルに考えて、不確定要素を客観的にとらえるのだ。しかし問題は、この〝客観的〟という考え方だ。どんなに過去のデータやトレンドを使ってロジカルに考えたつもりでも、そこには感情的な要素が無意識のうちに入り込んでくる危険性がある。つまり、自分にとって好ましい不確定要素の振れ方を、必要以上に高く見積もってしまう傾向があるのだ。

サイコロを3回振って、連続で1が3回出たら賞金をもらえるゲームをする。この場合、賞金をもらえる確率は0・46％（1／6×1／6×1／6）。ところが、ゲーム参加者は、ここまで確率が低いと感じない。それこそ、2〜3割の確率で賞金がもらえると考える人もいるだろう。

自分にとって好ましい結果を求めるために、ついつい確率を甘く見積もってしまう無意識の傾向が働いているのだ。

例えば大リーグの試合で、好きな選手が打席に立つ。試合も終盤、大逆転のチャ

サイコロ振って１を連続３回出したら？

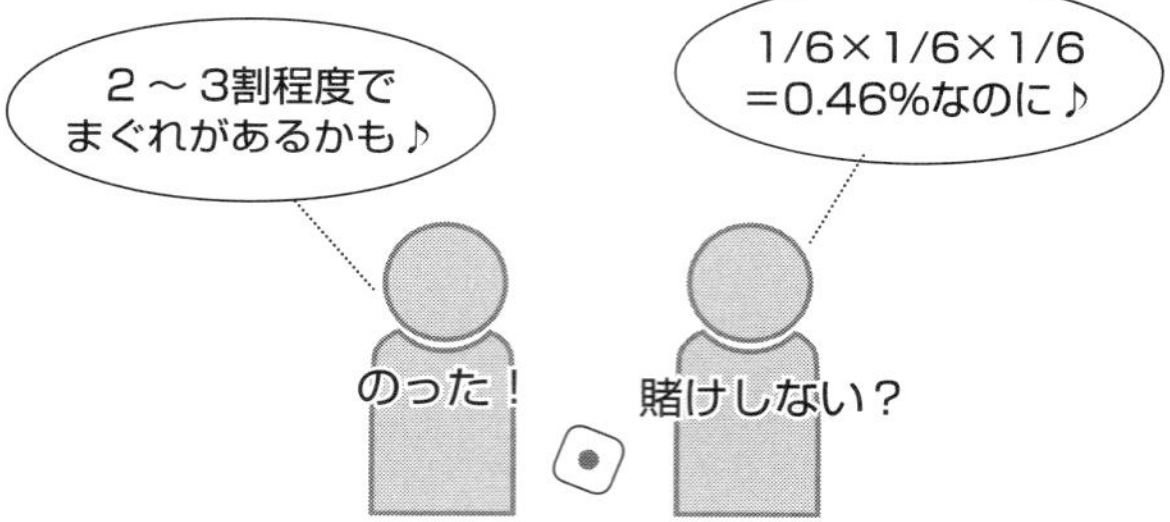
1/6×1/6×1/6
=0.46%なのに♪
賭けしない？
2～3割程度で
まぐれがあるかも♪
のった！

ンス。そのバッターの打率は3割だが、一発を期待するファンとしては、必ずホームランを打ってくれるだろうと信じてしまう。それどころか打率など、何ら意味を持たないように思えてしまうのだ。得点圏での打率や試合終盤での打率といったデータを提示されても、「だから何だっていうんだ。あくまでデータは過去の実績でしかない！」と思ってしまうことだってあるはずだ。

サイコロでは客観的なデータすら検討材料に入れず、感覚的に不確定要素を甘く見積もってしまい、大リーグのケースは、データよりも自分にとって好ましい結果が起こる確率を、無意識のうちに高めに計算している。

都合のいいことばかり考えてしまいがち

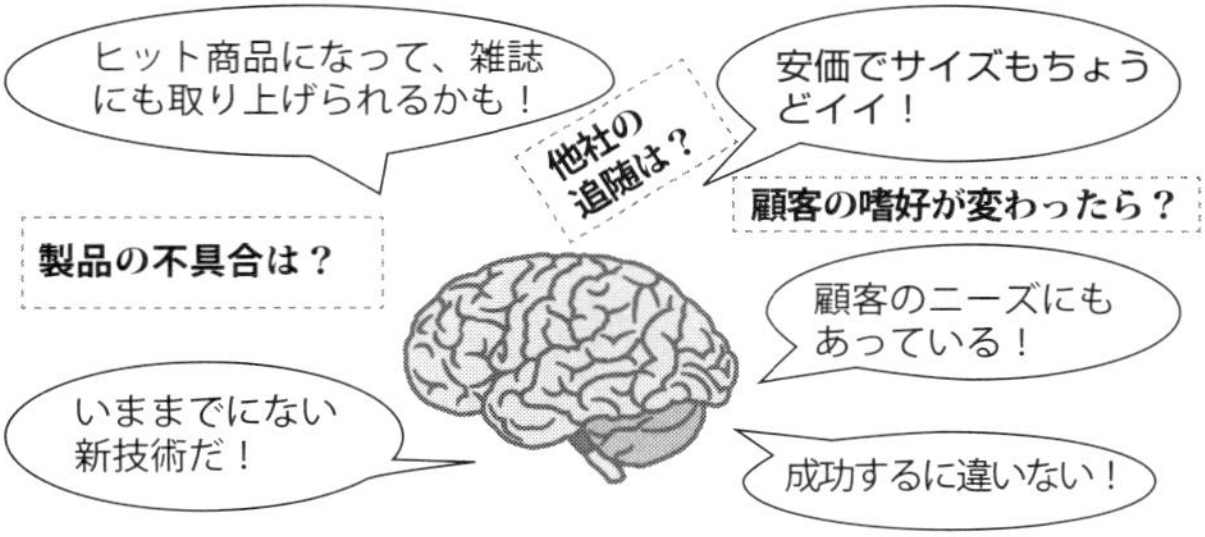
ヒット商品になって、雑誌にも取り上げられるかも！
他社の追随は？
安価でサイズもちょうどイイ！
顧客の嗜好が変わったら？
製品の不具合は？
顧客のニーズにもあっている！
いままでにない新技術だ！
成功するに違いない！

意思決定の世界では、この傾向のことを自信過剰（overconfidence）と定義している。**人間は自分にとって好ましい結果が起こる確率を、必要以上に高く見積もってしまう**のである。たとえ不確定要素が振れる確率について試算できる材料があったとしても、無意識のうちにこの自信過剰は意思決定に忍び込んでくる。客観的なデータや事実がない場合には、なおさらだ。

不確定要素の振れ方を客観的に、かつ完璧に予測するのは本来不可能だ。とはいえ不測の事態に備えて、次の一手を準備しておくことは、意思決定のプロセスでは欠かすことができない。そのためにも、やはり不確定要素はできるだけ客観的にとらえておくことが重要だ。

熱い思いと客観的な分析力が不可欠

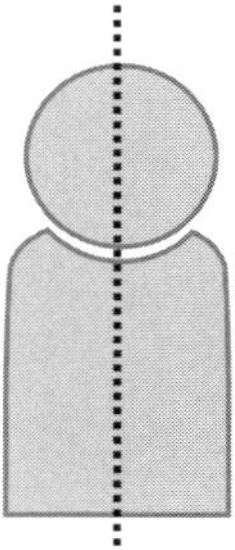
冷静な判断
「この
プロジェクトを
成功させるには
何が必要か？」
熱い情熱
「この
プロジェクトは
なんとしてでも
成功させてやる！」

企業が成長に向けて新たなアクションを起こすときや、新商品を発売するときなどは、熱い思いが伴う。それがビジネスの醍醐味だし、こういった熱い思いがなければ、いくらロジックが正しくてもビジネスは成功しない。

一方で、最善の意思決定をするためには、冷静に現実的な成功確率を把握し、失敗の確率も理解しておく必要がある。熱い思いだけでは、やはりビジネスは成功しない。

バランスが大切なのだ。成功への思いを胸に、きっちりと次の一手の準備を進めておけば、仮に自信過剰に無意識のうちに影響されて、好ましくない状況に直面しても、もう一度仕切り直すことができるのだから。

■解説

今回の事例のように、どんなに素晴らしく優れた商品であっても、必ず成功するわけではない。事前のテスト販売などで好感触を得ていても、である。

ひとつめの不確定要素は顧客の反応だが、あらかじめアンケートなどでの客観的なデータをもとに、顧客ニーズや興味を把握することができる。事前アンケートで「絶対に買う」「たぶん買う」の解答が4割とでれば、そこから売上予測は計算できる。もしこのようなデータがなければ、どのような顧客ニーズを満たすのか、ロジカルに考えればよい。

一方で、「この新商品で絶対に成功させたい」という気持ちから、アンケートデータの解釈が偏ったり、ロジックが甘くなったりすることは否めない。

例えば、「絶対に買う」「たぶん買う」の解答が4割を占めても、全員が必ずその商品を買うとは試算できない。いくら参考になるデータを用いても、解釈の仕方で不確定要素の予測精度は大きく変わってしまうのである。

Case Studyの解答

① 顧客の反応

② 競合会社の反応

次に、競合企業の反応についても不確定要素が存在する。これも、競合他社の開発動向など、情報収集をしておけばある程度は分かるだろう。顧客ニーズを満たせる新技術であれば、当然のことながら何らかの対処を考えているはずだ。

過去の同じような状況で、競合他社は30％程度の確率で類似商品を発売してきた、という事実があれば、予測材料になるし、次の対策を打てる。

この不確定要素をまったく考慮しなければ、いざ競合他社がカウンターアクションに出たときに、次の意思決定が遅れる。無意識の自信過剰にとらわれれば、競合他社の情報収集が甘くなり「どの競合も対抗してこないだろう」と安易に考えて痛い目にあう。

肝心なのは、不確定要素の振れ方を数字やロジックによって客観的に明らかにしても、自分にとって好ましい不確定要素を高く見積もる傾向がある、ということを常に意識しておくことだ。そう意識するだけで、判断の歪みは相当矯正することができるのだ。

Case Study

２つのプロジェクトについて、結果を評価するタイミングになった。

プロジェクトＡは、そもそもの意思決定がかなり甘く、当初考えていた成功確率も低かったが、結果的には大成功を収めた。

プロジェクトＢは当初から意思決定のプロセスをしっかりと踏んで、最も成功確率が高いと思われたアクションを起こしたが、結果的には失敗に終わった。

この２つのプロジェクトを評価する方法として、ふさわしいものはどれか？

a ビジネスは結果がすべて。プロジェクトＡを高く評価する

b プロジェクト開始時の意思決定が正当だったＢを評価する

c 不確定要素の振れ方、各局面での意思決定結果から評価する

宝くじに当たった人に秘訣を聞くと、「人生あきらめてはいけない」「いつもと別ルートで出勤したときに買った宝くじが当たった。何事も新しいことを試みることが大事」といったコメントをしていた。その当選者が実際にとった行動だろうが、だからといって宝くじで当選確率を高める方法にはならない。

ビジネスシーンでの似たような場面を想像してみる。

あなたは営業部の管理職。あなたの部下のA君は、普段から一生懸命得意先回りをすることも、いろいろとアイデアを出すわけでもない。しかし、今年は得意先に恵まれて素晴らしい実績を上げた。

一方で、将来の幹部候補になると思えるほど優秀なB君は、担当先の調子がかんばしくなく、残念ながら目覚ましい成績は上げられなかった。

ここであなたはふと考える。実はB君は期待していたほど優秀ではないのかもしれない。現に、仕事に本腰を入れていないA君よりも、実績を上げていない。また、これだけの実績を残しているA君を、これまで過小評価していたのかもしれない。仕事に注力していないように見えても、何か特別な素養があるのかもしれない……。そして実績を出したA君には最高の評価を与え、苦戦したB君には、低い評価をつけてしまった。

人間には、**結果を重視しすぎるあまり、無意識のうちに歪んだ評価や認識をしてしまう**傾向がある。これは、結果バイアス（outcome bias）と呼ばれ、特に人事評価やオプション比較といった場面での影響について語られる。簡単にいってしまえば〝勝てば官軍〟で結果さえ出してしまえば、後は何とでもなるということだ。

たしかにビジネスの世界でも、この手の話はよく耳にする。会計操作で粉飾決算を行って破綻したアメリカのエネルギー会社などは、その典型だろう。

意思決定とは、最善の結果を高確率で得られる選択肢を選び出し、アクションを起こすこと。結果だけをみれば、成功か失敗しかない。しかし、成功したものがすべてが正しいわけでないのは明らかだ。反対もまたしかり。結果はあくまで結果でしかない。それだけを重視すると、肝心なことを見落としたり、次に待ちかまえている失敗の予兆に気づかない危険性があることを理解しておきたい。

結果だけを重視すると評価が歪む

	A君	B君
仕事の進め方	× ◎あまり頭を、使わない ◎一生懸命でもない	○ ◎普段からよく考えて仕事をしている ◎将来の幹部候補生
結果	○ ◎得意先に恵まれて、素晴らしい実績	△ ◎得意先の業績が影響して、結果として実績はそれほど上がらなかった

結果だけで、A君を高く評価してよいのか？

ものごとの結果だけで判断して、その過程で生かされた人材の能力や、意思決定のプロセスの正しさを見過ごしてはいけない。

■解説

プロジェクトマネジメントについて、分解して評価してみる。

「当初の意思決定は正しくなされたのか」「不確定要素は実際にどちらの方向に振れたのか」「それぞれの不確定要素が想定外に振れたときに、どのような意思決定を行ってアクションを起こしたのか」という3点だ。

成功や失敗という結果は生じるが、それらは3つのいずれかに起因するのか、あるいはこれらの組み合わせかが分かる。

大成功したプロジェクトAは、そもそもの意思決定は甘く当初の成功確率は低かった。しかし、不確定要素が想定したよりも好ましい方向に振れたおかげで、マーケットが一気に立ち上がり、結果として予測を上回る実績を上げることができた。

Case Studyの解答

	プロジェクトA	プロジェクトB
意思決定	× 成功確率が低い、甘い意思決定	○ 正しい意思決定のプロセスを踏んでいた
不確定要素	○ マーケットは一気に立ち上がった	× 想定以上に、競合他社が対抗してきた
結果	○ 予測を上回る実績	△ かなり挽回したが、目標は未達成

プロジェクトBのほうが、
意思決定のプロセスでは優れていた

運がよかっただけだが成功した。

プロジェクトBは、意思決定がしっかりしており、ロジカルに導き出した成功確率の高い選択肢をもとにアクションを起こした。しかし、最大の不確定要素だった競合他社のリアクションが、当初考えていた以上だった。

もちろん、不確定要素がそのように振れることも、ある程度は想定していたので、すぐに必要なアクションを起こし挽回に努めた。結果的には、目標達成はできなかったが、大きな痛手を負わずにすんだ。

結果だけならAの評価が上がる。一方で、常に最善の意思決定をして結果を出したか、と考えるとBが優れている。不確定要素の想定以上の振れに、都度正しい意思決定を行い、損失をかなりのレベルで踏みとどめた。

「プロジェクトマネジメント」という視点で総合的に判断すれば、プロジェクトBのほうが、優れていると結論づけることができるだろう。

では、この2つのプロジェクトマネジャーの査定評価はどうなるか。企業は結果を出すことを求められている。

Ａのマネジャーは、プロセスがどうであれ、結果を出して会社の利益確保に貢献したことは高く評価できる。しかし、次回も同じ成果を上げる保証はない。より正しい意思決定のプロセスと、それに伴うアクションの起こし方を学んでもらうことが建設的だ。

一方、Ｂのマネジャーは、常に正しい意思決定と迅速なアクションで損失を食い止めたことは評価できる。しかし目標を達成できなかった以上、最高の評価をつけることはできない。だからといって、失敗の責任をとらせて次のチャンスを奪っては、折角のマネジメント力が生かされないことになるので注意したい。

サンクコストは判断材料から外す

Case Study

あなたの会社は数カ月前に、新製品Ｘを発売した。販売価格は1500円、製造原価は1000円。画期的な新商品として、市場から好意的に受け入れられ出足も好調。追加注文も予想以上に入り、当初の計画で生産した在庫もすぐ品薄になってしまったほど。そこで、一気に販売計画を修正して在庫も積み上げ、いよいよ本格的な販売体制に突入した。

ところが数週間前に、競合他社が新商品Ｙを投入した。Ｘよりも進んだ技術を採用し、なんと販売価格は800円。Ｘは一夜にして売れなくなってしまったのだ。

積み上がったＸの在庫を処理するために、今後の対策として、正しいのはどちらか？

a 製造コストが回収できる1000円で販売する

b 顧客に買ってもらえる500円で販売する

人間誰しも取り返しのつかない失敗や、後悔してもしきれないような体験がある。正しいプロセスで意思決定したにもかかわらず、不確定要素に翻弄されて、会社にも損害を与えたうえに、関係各所にも多大な迷惑をかけてしまった。そんなとき、どんな行動をとるべきか。

まずは、迷惑をかけた相手に謝罪をする、そして失敗の原因を解明する。これは常識として最初にすべきことだ。しかし、問題はその後。いつまでも失敗したという事実にとらわれて、冷静に考えられないと事態はどんどん悪化する。

いまは、これから起こりうる次の被害を避けるために、何をすべきかを考え早急に対策を打つときだ。失敗したという事実を反芻して、反省と悔恨の念にさいなまれるのは、一人夜中にすればよい。

仕事だけでなく、プライベートでも同じ。

例えば、とても辛い別れが訪れたとする。最愛の相手は、あなたのもとを去っていった。どれだけ嘆いても、過去の時間は戻ってこない。しつこく相手に関係修復を迫っても、それは相手にとって迷惑なだけだ。ストーカーに思われてしまう可能性だってある。

もうどうにもならない。諦めるしかない。そして自分の動揺が一段落したら、新しい相手を探す、あるいは自分自身をみつめ直す。自分の過ちを反省するためにいくら時間を費やしてもよい。

大切なのは、コントロールできない過去に縛られるのではなく、次のアクションを起こすことなのだ。

意思決定論の世界では、この考え方をサンクコスト（埋没原価）と定義している。すなわち、**コントロールできない過去の事象は、意思決定の検討材料から外すこと**が必要だということ。失敗をしたという事実は、もはや変えられない。であれば、またゼロベースで意思決定を行うことが重要になるのだ。

このサンクコストは、無意識に陥ってしまうワナというよりも、より迅速かつ前に向かって意思決定を進めるための強力なツールといえる。

サンクコストは判断材料から外す

サンクコストを“使わない”考え方

仕事で失敗。
その事実に拘泥して
何もアクションを
起こさない

◎あのとき、こうしておけばよかった……

◎何で失敗してしまったんだろう……

↓

起こってしまった過去に“たら・れば”のシナリオを考えて行動停止状態

サンクコストを“使った”考え方

被害を最小限に
抑える
最善の対応策を
取るために
アクションを起こす

◎いったい今、何ができるのか？

◎何をするべきか？

↓

現在置かれた状況で何ができるかについて意思決定する

■解説

競合他社の商品に対し、自社商品Xでどう挽回すべきか。製造原価ギリギリの1000円で販売すればよいという意見。これは、間違いだ。より高機能の商品Yは、価格も800円。どう考えても1000円という価格で、型落ち商品のXが対抗できるわけがない。

1000円という製造原価は、サンクコストだ。もはや「意思決定する際の検討材料に入れてはいけない」のである。では、いくらなら型落ち商品Xを顧客が買ってくれるのか。価格設定では、この点を考えなければならない。

さらに、そもそもの目的を「商品Xで利益を上げる」から「Xの在庫をどう素早く、被害を最小限に抑えて処理すべきか」に変更する。顧客や販売チャネルに意見を求めて、いくらなら買うかを早急に調べる。そのうえで、もしも500円で買ってもらえるならば、すぐさま販売価格を変更して、在庫一掃の販売プロモーションを展開する必要がある。

Case Studyの解答

たしかに、Xの製造コストは1000円だったが……

	対策①	対策②
新販売価格	1000円 ◎何とか、製造コストは回収したい	500円 ◎型落ち商品でも500円であれば買ってもらえる
評価	× ◎より高機能の商品Yの価格800円以上で、売れるはずがない ◎事態は悪化する	○ ◎在庫一掃プロモーションで売れる ◎在庫を処分することで、被害は最少限に抑えられる

このケースでの製造コストと在庫はサンクコストだ。それが分かれば、サンクコストの概念を適応して、何が最善の行動なのかを冷静に見極めて、早急な行動に移せるのだ。

サンクコストという考え方は、一見開き直りのように思えてしまうし、実際に対処できたとしても、失敗した／損失を出したという事実から逃げられはしない。これは、今を生きるための意思決定の概念、未来に向かって何をすべきかを考えるための意思決定の手法だ。この考え方をうまく応用して、不確定要素に囲まれた時代を、果敢にかつスピーディーに乗り切っていきたい。

過去の経験に引きずられすぎない

Case Study

ある企業が、会社の存亡にかかわる重大な意思決定の場面に直面している。これまでその企業の根幹を支えていた主力商品に、強力な代替商品が登場してしまったのだ……。

その商品は、もはや何をやったところで、昔のように売れることはない。どうあがいても、現状は好転しないのだ。であれば、何か抜本的な改革を起こさないかぎり、この企業は生き残れない。

今後とるべき行動について、選択肢の正誤を判断せよ。

a 過去に何度も痛い目にあっているので、新規事業には取り組まない

b このまま何もせず、事態が好転するのを待つ

c 意思決定の手法を駆使し、次のアクションを考える

過去に成功体験があると、ついついそれを繰り返したくなる。これは当然のこと。成功するには理由がある。もしもその手法で再度成功できるなら、それは非常に理にかなっている。

しかし、過去の成功が、次の成功も約束してくれるわけではない。逆に過去の成功が足かせになって、次なるチャレンジを阻害してしまうことすらある。

また、過去に辛い経験があると、無意識のうちにそれを避けてしまう傾向もある。失敗にも当然のことながら理由がある。その失敗要因を排除すれば、同じ失敗を繰り返さないだろうという心理が働くのは当然かもしれない。

ある企業が過去に新規事業の立ち上げに失敗して大きな損失を被ったとする。同じ過ちを繰り返さないために、同様の新規事業にはいっさい手を出さないという意思決定は、一見納得できる行動に思える。しかし、もしも過去の失敗が、想定以上の不確定要素の振れに影響され、運悪く失敗に終わったのなら。そして今、同じ分野で、大きな事業機会がもたらされているなら、意思決定はどうするべきか。

以前と比べて格段に不確実性は低く、競合他社に勝てる材料もそろっているのならば、過去の失敗だけでこの新しい事業機会を逃すのは、賢明ではない。

過去に人前で話して失敗してから、スピーチやプレゼンが苦手になってしまい、無意識のうちにそのような機会を避けている人は意外と多い。これに似ている。

これらは現状維持バイアス（status quo bias）、スネークバイト効果（snake bite effect）と呼ばれるものだ。

現状維持バイアスとは、**「過去の成功体験などが記憶のなかに色濃く滞留し、無意識にその成功体験を選んでしまう」**という傾向。スネークバイト効果とは、読んで字のごとく、蛇にかまれたといった**「辛い経験がいつまでも頭の片隅に残ってしまい、それ以降の行動に影響を与えてしまう」**いう傾向だ。

どちらも過去の体験が、無意識のうちに目の前の意思決定に影響を及ぼす。ひとたび体にしみついてしまった成功体験や失敗体験は、時がたってもなかなか抜けきれず、過去とは取り巻く状況、意思決定すべき要素が異なっていても、その体験に引っ張られてしまうということだ。

もちろんそのような場合、過去の経験が重要な情報として利用できることもある。

過去の経験に無意識に引きずられる

現状維持バイアス

過去の成功体験から、無意識のうちに現状維持（そのときの意思決定）を志向する

◎昔からこの商品は花形だった、まだまだ売れる

スネークバイト効果

過去の失敗体験から、同様の状況下で意思決定を避ける

◎昔ヘビにかまれてから、ヘビは見るのもイヤ

◎新規事業で何度も失敗しているので、もうこりごり

↓

いずれも、過去の体験が足かせになって、正しい意思決定を阻止している

しかし、あくまで過去に起こった事実でしかない。それがそのまま目の前にある「今の意思決定」にあてはまるかは、冷静に論理的に見極める必要がある。

膨大な不確定要素のなかでも、クリアな頭でシンプルに、そしてスピーディーに意思決定をしながら、未来を切り開いていく姿勢が必要なのだ。そんな生き方をするためにも、過去の経験とのつき合い方は、ぜひとも身につけておくべき。少なくとも、現状維持バイアスや、スネークバイト効果が自分のなかに存在し、無意識のうちに影響を与えるのだということだけは、しっかりと認識しておく必要がある。

■解説

今回の事例はこれまでもよく見られた話だ。以前はエネルギー供給の根源だった石炭が石油に替わられたように、あるいはレコードがＣＤに駆逐されてしまったように……。世の中の流れが、完全にその企業の主力商品から、別の代替品に置き換わってしまうという危機は起こりうること。

大切なのは未来に向かう姿勢

	過去にとらわれた意思決定	ゼロベースの意思決定
選択肢の検討	**最善の選択肢がない** ◎過去の成功体験、失敗体験から、特定の選択肢を加えたり、削除したりする	**成功確率の高い選択肢を考え出す** ◎過去の体験も、材料のひとつとして活用する
意思決定	**失敗する** ◎歪んだ選択肢 ◎最善の解がない	**最良の選択ができる** ◎成功する選択肢が存在している

当の企業であれば、よくあるなどと言ってはいられない。とことん頭を使って、何としてでも企業の存続の道を見つけ出さなくてはいけない。しかしここで、過去の成功体験が、従業員の考えに無意識のうちに影響を与える。

強力な現状維持バイアスの影響によって、「もしかしたら、昔成功した販売促進キャンペーンや新機能の追加で、まだまだ業績を回復できるのではないか」と。そのときの局面とは、あまりにも状況が違うにもかかわらず……。

今は、何とかして企業が保有している資産を活用し、他のビジネスモデルを構築できないか、考えるべき。「現在の顧客基盤を使って、何か新しい事業ができないか」「今、企業が強みとして持っている技術を使って、新しい商品を開発できないか」など。まったく新しい分野で、新たなる挑戦をすることが不可欠なのだ。企業としての存続を賭けた新たな船出である。

しかし、過去にも新商品や新規事業への挑戦は行った経験があり、それが継続されていないなら、失敗だったということだ。そんなときは、冷静に失敗に至った原因を分析してみればよい。理由は単純で、強力な主力商品のおかげで新規商品への

Case Studyの解答

a	過去に何度も痛い目にあっているので、新規事業には取り組まない	×
b	このまま何もせず、事態が好転するのを待つ	×
c	意思決定の手法を駆使し、次のアクションを考える	○

注力が弱かっただけかもしれない。

過去はあくまで過去でしかない。どんなに素晴らしい過去でも、どんなに辛かった経験でも、それは今を生きるべく意思決定をするためには、しょせんは判断材料のひとつでしかない。

ビジネスでの意思決定にとって大切なのは、いつでも未来に目を向けて、前進していく姿勢だ。「今、何をしなければならないのか」、そのためには「どんなことを考えなければならないのか」、そして成功確率が高い最善の意思決定をするためには、「どんな意思決定のプロセスと手法を駆使しなければならないのか」。これらを考えなければ、道は開けてこないのである。

文庫化にあたって

もうすぐ40歳になります。いわゆる「不惑」です。

意思決定論の本を書くぐらいだから、普段からロボットのように、さまざまな決定をしているかと言えば、その反対。孔子が説く「40にして惑わず」の境地までは、まだまだ到達できそうにありませんね……。

もちろん、その場その場では、最善の答えを選んでいるつもりです。若いころだったら、きっと感情だけで決めてしまった内容でも、少しは冷静に判断できるようになりました。もしかしたら体内のホルモン分泌量が減ってきて、鈍感になっているだけにも思えますが、たぶん、決定力について多少は知見があることが奏功しているのでしょう。特に「無意識に陥ってしまうワナ」を意識するかしないかで、決定力は大きく変わってしまうように思います。

とはいえ、この本でも再三にわたって説明してきたとおり、意思決定には必ず不確定要素というオバケがついてまわります。その時点で、どんなに考え抜いて、最も成功する確率が高い選択肢を選んだとしても、その後の結果は「神のみぞ知る」なのです。

だからといって、何かを決定することを放棄するのは、何も考えずにルーレットをまわすようなもの。この世の中、本当に何が起こるか分かりません。それが面白いのも事実ですが、少しは抵抗しないと。何もしないで神頼みするよりは、何かをしてからお祈りしたほうが、やっぱり成功する確率は上がるもの。本書をとおして、この感覚を身につけてもらえたとしたら幸いです。

それにしても、最近はビジネスでスピードが求められる時代になったように思います。1年前の経済環境を振り返ってみると、まさか1年後に今のような状況になっているとは想像できないですよね。マーケットの勢力図は、たった数カ月の間に塗り変わってしまうし、いきなり大ヒット商品が登場したかと思うと、半年後にはその商品と企業が失敗例のように語られます。ちょっと前まで絶好調の業績でわが世の春を謳歌してきた企業が、数カ月後に破綻するなど。恐ろしい時代になったものです。1年先どころか、それこそ2~3カ月後だって、どうなっているか分からない。そんな時代なのですから。

こんな不透明で、移ろいやすく、不確定要素に満ちた時代だからこそ、意思決定にはスピードが必要なのではないでしょうか。

何かに迷ったらすぐに意思決定をして、即座にアクションを起こす。運が味方してくれれば、想定した以上の成功を手にすることができます。そうでなければ、また次の意思決定をしてアクションを起こせばよいのです。何もしないで世の中の流れを傍観するのではなく、こちらから果敢に動く。読者のみなさんが、そんな素敵な姿勢を身につけることを願って、本書の結びとしましょう。

2008年6月

斎藤　広達

■著者　斎藤広達（さいとう・こうたつ）

1968年東京生まれ。慶應義塾大学を卒業後、エッソ石油（現エクソンモービルマーケティング）に入社し、主にマーケティング関連の業務に従事。シカゴ大学経営大学院修士（MBA）取得後、ボストン・コンサルティング・グループ、シティバンク、ローランド・ベルガーを経て、現在はゴマ・ホールディングス 取締役社長。

著書に『図解　コンサルティング力養成講座』『MBA的発想人』『MBA的仕事人』『MBA的発想人 課長力養成講座』『図解　コンサルティング力養成講座〔青本〕』（パンローリング）、『パクる技術』『失敗はなかったことにできる』（ゴマブックス）、などがある。

PanRolling Libraryシリーズ

私は株で200万ドル儲けた

著者：ニコラス・ダーバス
定価：800円＋税

本職はダンサーの投資家が、わずかな資金をもとに株式トレードで巨万の富を築いた「ボックス投資法」について記した本書は、株式市場の歴史における最も異例な成功物語の一つである。

FX市場を創った男たち

著者：小口　幸伸
定価：700円＋税

外国為替市場の歴史とディーラーたちの足跡。百戦錬磨の日本人トレーダーたちは、相場の重大局面で何を見て、どう考え、いかに行動したのか！

孤高の相場師 リバモア流投機術

著者：ジェシー・リバモア
定価：700円＋税

稀代の相場師ジェシー・リバモアが自ら書き残した投機の聖典！　相場の世界に一人で立ち向かった彼独自の手法や相場観、リスク管理などを記したリバモア流相場の極意書である。

マンガ プーチン主義のロシア

脚本：清水昭男／作画：狩谷ゆきひで
定価：648円＋税

市場経済は「絶対」ではない！　経済格差、財政破綻、金融危機。「国家の宝」である石油をめぐる大統領と新興起業家たちの攻防。新生ロシア激動の10年を記した力強い1冊である。

マンガ リチャード・ブランソン

著者：高波　伸
定価：648円＋税

音楽・航空・鉄道・飲料など多岐にわたる事業展開のみにとどまらず、エイズ撲滅運動や宇宙旅行など、飽くなき好奇心でヴァージンを世界企業に導いた伝説的起業家の物語とは。

2008年７月9日 初版第１刷発行

PanRolling Library⑳

図解《ずかい》 サラリーマンの決定力《けっていりょく》講座《こうざ》

著　者　斎藤広達
発行者　後藤康徳
発行所　パンローリング株式会社
〒160-0023　東京都新宿区西新宿7-9-18-6Ｆ
TEL 03-5386-7391　FAX 03-5386-7393
http://www.panrolling.com/
E-mail　info@panrolling.com
装　丁　パンローリング装丁室
印刷・製本　株式会社シナノ

ISBN978-4-7759-3056-4

本書は、PHP研究所より刊行された『最強の意思決定』を、文庫収録にあたり加筆・再編集および改題したものです。